Tom Bisset

W0100116

Als er noch fern war ...

Wenn Gläubige den Weg verlassen ...

Gute Nachricht für Betroffene

Bibelstellenzitate nach der Elberfelder Übersetzung.

Bisset, Tom:
Als er noch fern war ...
Wenn Gläubige den Weg verlassen -
Gute Nachricht für Betroffene

ISBN 3-89436-278-2

Titel des amerikanischen Originals:
Good News About Prodigals
Copyright (c) 1997 by Tom Bisset
Translated and published by permission of Discovery House Publishers,
3000 Kraft Avenue SE, Grand Rapids, Michigan 49512 USA
All rights reserved.

© Copyright 2001 der deutschen Ausgabe:
Christliche Verlagsgesellschaft, Dillenburg
Übersetzung: Georg Hagedorn, Düsseldorf
Satz: Friedrich Tröps, Siegen
Umschlaggestaltung: Eberhard Platte, Wuppertal
Druck: Basse Druck, Hagen

Printed in Germany

Inhalt

Einführung

N achdem ich mein erstes Buch »Warum Kinder von Christen den Glauben verlassen« (engl. *Why Christian Kids leave the Faith*) abgeschlossen hatte, wurde mir klar, dass ich mit den Abgeirrten noch nicht fertig war. Ursprünglich hatte ich geplant, ein Buch zu diesem Thema zu schreiben und mich dann anderen Projekten zuzuwenden, die ich im Hintergrund noch eine Weile sich entwickeln lassen wollte.

Ich habe eine Menge über Abgeirrte gelernt. Ich entdeckte zum Beispiel, dass es vier entscheidende Gründe dafür gibt, warum Kinder, die in christlichen Elternhäusern aufwachsen, sich eines Tages davonmachen. Aus ganz bestimmten Gründen werfen sie ihren christlichen Glauben über Bord. Haben die Eltern diese Gründe einmal verstanden, werden sie auch wieder handlungsfähig sein. Sie können ganz bewusst Dinge tun, die in den meisten Fällen ihre Kinder davon abhalten, vom Weg abzuweichen.

Als ich meine Recherchen und Schreibarbeiten beinahe abgeschlossen hatte, begann mir klar zu werden, dass das

Zurückfinden zum Glauben genauso zum Thema »Abirren« dazugehört wie das Verlassen des Glaubens. Ich musste also auch den Rest der Geschichte erzählen: Die meisten kehren zurück. Was will man mehr? Die Geschichten ihrer Rückkehr sind erstaunlicher und erregender als irgendetwas anderes, was Sie jemals über den christlichen Glauben gehört haben.

Oftmals habe ich geweint, als ich mir die Geschichten der Zurückgekehrten anhörte, wie Gott in ihrem Leben am Werk war, um sie zu ihm zurückzubringen. Ihre Freude ist unverkennbar. Ich staune über die Umstände, die Gott zusammenfügte, die Leute, die er leitete und die Ereignisse, die er arrangierte, um zu seinen abgeirrten Kindern durchzudringen. Am meisten bin ich noch selber in Bezug auf meinen Glauben gestärkt und ermutigt worden, dadurch dass ich diese wahren Geschichten von der Treue Gottes zu Ohren bekommen habe.

Mir ist klar geworden: Ebenso wie es ein Muster gibt für den Prozess des Abirrens gibt es auch ein Muster für das Zurückfinden. Es findet nicht in einem Vakuum statt. Es gibt klar definierbare Gründe, warum Leute zurückfinden, und wenn wir diese Gründe verstehen, dann können wir auch helfen. Gott benutzt Leute, Kinder, Zweifel, Ängste, Freude, Probleme und manchmal auch Tragödien, um seinen widerspenstigen Söhnen und Töchtern die Augen und Herzen zu öffnen. Manchmal übersteigen seine Wege und Mittel das, was wir für möglich halten.

In meinem Buch »Als er noch fern war ...« (engl. *Good news about prodigals*) verwende ich sowohl Erlebnisberichte als auch sachliche Analysen, um den Leuten verstehen zu helfen, warum Abgeirrte wieder nach Hause finden. Ich habe auch mehrere Kapitel über Angelegenheiten hinzugefügt, die dem Thema verwandt sind und von denen ich glaube, dass sie den Eltern helfen, besser zu verstehen, was die Bibel über Erfahrungen mit Abgeirrten sagt.

Meine Prämisse ist, dass je mehr wir über das Zurückfinden wissen, wir desto besser mit dem Wirken Gottes im Leben der Abgeirrten zusammenarbeiten können, ob sie nun unsere eigenen Kinder sind oder im weitesten Sinne Angehörige der Familie Gottes sind.

Zwei Kapitel im einzelnen (Der wartende Gott / Kinder von Ältesten) richten sich an die schwierigen Fragen von Leuten im Gemeindedienst, die in ihrer Familie mit Abgeirrten zu tun haben, und warum Gott es zulässt, dass so viel Zeit vergeht und so viel Verletzungen entstehen, bevor die Abgeirrten schließlich zurückfinden.

In bin ebenso der Überzeugung, dass das Kapitel »Kulturelle Aufhänger oder biblische Überzeugungen?« sich als sehr wertvoll für Eltern erweisen wird. Aus meiner Sicht trägt die Unfähigkeit zur Unterscheidung und Anwendung biblischer Wahrheiten mehr als alles andere dazu bei, dass es so viele Probleme für Eltern und ihre Kinder gibt.

Dies ist ein Buch der Hoffnung. Und das aus gutem Grund. Wir besitzen einen außergewöhnlichen Gott, der große und mächtige Dinge für seine Kinder tut. Die wirklich gute Nachricht ist diese: Dieser Gott, den wir lieben und anbeten, sorgt sich mehr um unsere Abgeirrten, als wir es selber tun.

KAPITEL 1

Die Meisten kehren zurück

Was gäbe es Erfreulicheres über solche zu sagen, die in christlichen Elternhäusern aufgewachsen sind, eine Entscheidung für den Herrn getroffen und dann den Glauben verlassen haben, als dass die meisten von ihnen zurückkehren, auch wenn uns dies nicht auffällt.

Untersuchungen haben ergeben, dass mindestens 85% aller Abgeirrten, und dies schließt selbst die größten Rebellen mit ein, letztendlich zum Glauben zurückfinden. Und je mehr Informationen zu diesem Thema gesammelt werden, um so deutlicher zeichnet sich ab, dass die Prozentzahl wahrscheinlich noch höher liegt.[1]

Vor einigen Jahren begann ich mir die Frage zu stellen, warum Menschen, die in einem christlichen Elternhaus aufgewachsen sind, den Glauben verlassen. Zu dieser Zeit traf ich auf eine junge Frau, die mir ihre Lebensgeschichte erzählte. Sie hatte in ihrer Jugend den christlichen Glauben verworfen und etwa 10 Jahre lang voller Zynismus gegenüber Gott ein wildes und riskantes Leben geführt, bis sie durch außerordentliche, lebensverändernde Umstände den Weg zum Herrn zurückfand. Ich erinnere mich daran, dass ich auf ihre Geschichte hin entgegnete, wie gesegnet sie doch sei, zu den Wenigen zu gehören, die den Glauben verlassen haben und wieder zu einer lebendigen Beziehung mit Jesus zurückfinden. Meine Bemerkung schien sie zu überraschen, wahrscheinlich, weil ihre eigene Erfahrung so stark dagegen sprach.

Dass sie damit Recht hatte, sollte ich bald aus meinen Gesprächen mit ehemals Abgeirrten erfahren. Mein Fehler lag darin, dass ich die vom Glauben Abgeirrten, die ich bis dahin traf, als typische Fälle ansah. Aber in Wirklichkeit waren die meisten von ihnen desillusionierte Aussteiger, deren Geschichten von Zorn, Schmerz und geistlicher Verwirrung geprägt waren. Ich verstand damals nicht, dass sich diese Menschen auf einer Reise befanden, von der sie letztendlich heimkehren sollten. Das, was ich sah, war nur ein kleiner Abschnitt dieser Reise.

Die Schlussfolgerung, die ich aus den Fragmenten dieser Geschichten zog, war, dass diese Menschen den Glauben ein für alle Mal verworfen hatten. Sie waren geistlich gesehen völlig desillusioniert und jeglicher Art christlicher Gemeinschaft entzogen. Warum ich damals annahm, Gott könne solche Menschen nicht so leicht erreichen wie jene, die niemals eine Entscheidung für ihn getroffen hatten, weiß ich heute selbst nicht mehr. Jedenfalls sollte mir der Gute Hirte bald einen tiefen Einblick geben, wie er diese Menschen sucht und rettet.

Ich musste auch feststellen, dass Abgeirrte, die den Weg zurückgefunden haben, oft ungern über die Jahre sprechen, welche die Heuschrecken gefressen haben. Meine Vermutung ist, dass sich die Heimkehrer für das, was in dieser Zeit in ihrem Leben geschehen ist, oft schämen und es verurteilen. Auch sind die Wunden immer noch da, sowohl für sie selbst wie auch für ihre Familien. Der Schmerz lauert dicht unter der Oberfläche und kann sehr leicht wieder hervorgerufen werden.

Anscheinend wollen die Zurückgekehrten ihre Erlebnisse aus dieser Zeit einfach hinter sich lassen. Dies ist natürlich verständlich, besonders dort, wo ihre Sünde anderen tiefen Schmerz bereitet hat. Sicherlich haben sie auch viel erlebt, was sie ihren eigenen Kindern oder anderen nicht als Sensationsgeschichten vermitteln wollen. Doch Tatsache ist, dass unsere evangelikalen Gemeinden voll sind von solchen, die den Glaubensweg einmal verlassen hatten und wieder zurückgekehrt sind. Würden wir in unseren Gemeinden eine anonyme Umfrage starten, bei welcher der Befragte einfach nur »Ja« oder »Nein« ankreuzen müsste, ob er in seinem Leben Zeiten des geistlichen Zweifelns und der Desillusionierung durchgemacht hat, die ihn dazu bewegt haben, Gemeinde und christliche Gemeinschaft für eine Zeitlang zu verlassen, würden wir wahrscheinlich zu einem überraschenden Ergebnis kommen: Menschen, die den Glaubensweg für eine gewisse Zeit verlassen haben, sind in christlichen Gemeinschaften aller Schattierungen keine Seltenheit.

Interessanterweise sind auch solche, die in der Verantwortung für die Gemeinden stehen, davon nicht ausgeschlossen. Eine Umfrage in den USA unter 60 Gemeindeleitern und vollzeitlichen Mitarbeitern enthüllte, dass 56 von ihnen, also 93%, eine ernste Glaubenskrise durchlebt hatten.[2] Vielleicht mag diese Umfrage nicht repräsentativ sein, doch die erfreuliche Grundaussage bleibt bestehen: Die meisten Menschen, die einmal eine klare Entscheidung für den Herrn getroffen und irgendwann dem Glauben den Rücken gekehrt hatten, kommen zurück.

Beim Lesen dieses Buches wird es hilfreich sein, wenn wir zwei Dinge unbedingt im Hinterkopf behalten. Schauen wir diese beiden Punkte einmal an:

Erstens müssen wir uns darüber klar sein, dass das Verlassen des Glaubensweges oft mehr mit der Suche nach Wahrheit zu tun hat als mit dem Zurückweisen von Wahrheiten. Zugegeben, wenn ein Jugendlicher oder junger Erwachsener den Glauben verlässt, ist dies oft von viel Auflehnung und Konflikten begleitet. Sie wissen, dass sie loskommen können, sind aber oft mehr entschlossen, herauszufinden, was an diesem ganzen »religiösen Kram« eigentlich wahr und echt ist, als dass sie die Meinung ihrer Eltern oder den christlichen Glauben widerlegen wollen.

Erfahrene Jugendmitarbeiter sagen uns, dass die meisten Kinder durchaus den Glauben ihrer Eltern annehmen wollen. Auch wenn sie sich dagegen auflehnen, als Christ zu glauben und zu leben, stehen sie im Grunde genommen dennoch auf unserer Seite. Sie wollen den Stab des Glaubens gerne von uns übernehmen, auch wenn sie ihn ein- oder zweimal fallen lassen.

Aus meinen Gesprächen mit Abgeirrten habe ich interessanterweise herausgefunden, dass die meisten von ihnen sich dem christlichen Glauben immer noch ergeben fühlen. Es sind vielmehr die jeweilige Gemeinde und ihre »Spielregeln« oder auch die kulturellen Traditionen des Christentums, die ihnen Schwierigkeiten bereiten. Die Jungfrauengeburt, die Auferstehung Christi aus den Toten, die Fleischwerdung Gottes und andere grundlegende Lehren des Christentums sind nicht die Gründe für ein Sich-Abwenden vom Glauben.

Abgeirrte sehen sich oft wie eine Art Fremdenlegionär, auch wenn sie dies vielleicht nicht so ausdrücken würden. Obwohl sie zur Zeit in der Fremde sind, fühlen sie sich ihrer geistlichen Heimat gegenüber immer noch loyal, auch wenn sie gedrängt sind, ihren Kampf (auf der Suche nach Wahrheit) als Fremdlinge und Außenstehende zu führen. Vielleicht glauben sie, aufrichtiger zu sein, indem sie sich selbst zu »Fremdlingen« machen, als zu Hause zu bleiben und das fromme Spiel einfach weiter zu spielen, wie sie es manchmal selbst ausdrücken.

Eltern, die darum wissen, können geduldig mit ihren abgeirrten Kindern umgehen, weil sie verstehen, dass das, was sie in ihrem rebellischen Kind sehen, nicht so schlimm ist, wie es auf den ersten Blick erscheint. Es spiegelt auch ein wirkliches Bild von dem wider, was ihr Kind wirklich über sein Zuhause oder die Gemeinde denkt. Wenn wir dies verstehen, können wir mit Gottes Gnade und Kraft unseren Kindern helfen, diese Kämpfe durchzustehen und den Weg zurückzufinden, anstatt gegen sie anzukämpfen und sie damit nur weiter wegzudrängen.

Zweitens wird es beim Lesen dieses Buches hilfreich sein, wenn wir verstehen, dass das scheinbare Zurückweisen des Glaubens eigentlich ein Anzeichen geistlicher Veränderung im Allgemeinen ist. Zugegeben, es ist eine radikale geistliche Veränderung, die für die Eltern sehr undurchschaubar und schmerzhaft ist. Aber wenn wir ehrlich sind, haben die meisten von uns ähnliche Situationen durchlebt. Wir verändern uns. Unsere Erlebnisse, Gedanken und Lebensumstände formen uns geistlich gesehen zu einem anderen Menschen, als wir vor zwanzig oder dreißig Jahren waren. Die grundlegenden Überzeugungen sind oft unverändert, aber wir haben unseren Standpunkt in vielfacher Weise geändert. Heute sehen wir dieses oder jenes enger oder lockerer als vielleicht noch vor einigen Jahren. Nur sehr wenige Menschen haben exakt die gleichen Überzeugungen über ein Leben als Christ wie ihre Eltern. Wir alle ändern unsere Überzeugungen in Bezug auf Gemeindezugehörigkeit, Prophetieauslegung, Musikstil, Anbetungsformen, zweitrangige Lehrauffassungen, usw.

So gesehen haben wir alle bestimmte Überzeugungen verlassen, die uns unsere Eltern oder geistliche Vorbilder vermitteln wollten. Ich denke, dass wir durch diese Veränderungen meist weiser, reifer und standhafter in unserem Leben als Christen geworden sind. Solange wir nicht die klaren und eindeutigen Aussagen des Wortes Gottes beiseite schieben, haben diese Veränderungen eher etwas mit Wachstum zu tun als mit dem Verlassen des Glaubens.

Wenn wir dies im Blick behalten, erscheinen uns Glaubenskrisen nicht so katastrophal, wie dies vordergründig aussehen mag. In der Regel ist es nur ein zeitweises Verlassen des Glaubens und eine geistliche Auszeit auf der Suche nach Wahrheit und Echtheit. Aber es gibt noch einen wichtigeren Aspekt. Eine Zeit der Glaubenskrise gibt unseren Kindern die Möglichkeit, ihren Glauben ganz neu in Besitz zu nehmen, indem sie wichtige Entscheidungen treffen, ohne dass sie von irgendjemand anderem außer Gott dazu gedrängt werden. Und sicherlich weiß Gott in seiner unendlichen Weisheit und Vorhersehung, dass dies vielleicht der einzige Weg ist, wie dieser junge Mensch den Herrn Jesus lebendig ergreifen kann.

Vielleicht stecken unsere Kinder nicht in solchen Glaubenskrisen. Dann sollten wir auf die Knie gehen und Gott für dieses besondere Geschenk danken. Natürlich haben wir großen Einfluss auf die Entwicklung unserer Kinder. Dennoch sollten wir uns bewusst sein, dass andere dabei geholfen haben - Großeltern, Lehrer, Jungschar- und Jugendmitarbeiter, Familie und Freunde. Vielleicht in einem Ausmaß, dessen wir uns gar nicht bewusst sind. Und natürlich haben wir die Hilfe eines gnädigen, allmächtigen Gottes, und all dies sollte uns dankbar machen. Ich schreibe dies, weil Eltern, deren Kinder keine schwere geistliche Krise durchleben, sich vielleicht fragen, warum diese Probleme bei Freunden und Verwandten vorhanden sind. Es ist immer einfacher, Antworten zu finden, wenn man nicht selber mit der Frage konfrontiert wird.

Wenn wir Bekannte haben, deren Kind gerade eine solche Krise durchlebt und die Eltern die Situation mit Geduld, Liebe und Verständnis für ihr Kind tragen, sollten wir dies nicht vorschnell belächeln: Vermehren wir die Last dieser Familie nicht auch noch mit Bemerkungen, dass man durch härtestes Durchgreifen und konsequentes Aufräumen in dieser Familiensituation das Problem in den Griff bekommen könnte.

Bevor wir irgendwelche guten Ratschläge abgeben, sollten wir uns erst einmal ernsthaft in die Lage dieser Familie versetzen.

Eltern können die Glaubenskrisen ihrer Kinder geduldiger ertragen, wenn sie wissen, dass die meisten Umherirrenden zurück nach Hause finden. Auch können sie in der Tatsache Ruhe und Frieden finden, dass Gott noch viel besorgter um ihre Kinder ist und dass er beständig in ihrem Leben wirkt, um sie zu sich zurückzubringen.

Der Prophet Jesaja verstand diese wichtige Wahrheit, als er Gottes tröstende Worte an das bedrückte Volk Israel weiter gab:

»Fürchte dich nicht, denn ich bin mit Dir! Vom Sonnenaufgang her werde ich deine Nachkommen bringen und vom Sonnenuntergang her werde ich dich sammeln. Ich werde zum Norden sagen: Gib her! und zum Süden: Halte nicht zurück! Bring meine Söhne von fernher und meine Töchter vom Ende der Erde, jeden, der mit meinem Namen genannt ist und den ich zu meiner Ehre erschaffen, den ich gebildet, ja, gemacht habe! Lass hervortreten das blinde Volk, das doch Augen hat, und die Tauben, die doch Ohren haben!« (Jes 43,5-8)

KAPITEL 2

Der wartende Gott

M anchmal wartet Gott. Meistens ist dies nicht das, was wir uns wünschen. Wir wollen, dass Gott handelt, und zwar jetzt und nicht erst morgen, nächste Woche oder nächstes Jahr.

Das ist, was unsere moderne Gesellschaft auszeichnet. Wir wollen, dass die Dinge sofort erledigt werden. Auch wenn dies auf Kosten der Qualität geschieht. Wir sind ungeduldig, rastlos und fordernd. Diese »Sofort«-Mentalität, die unsere Gesellschaft kennzeichnet, hat auch im geistlichen Bereich Einzug gefunden. Dies ist zweifelsohne einer der Gründe, warum die Vorstellung eines wartenden Gottes vielen Christen so fremd ist. Wenn wir die Dinge sofort erledigen können, warum nicht auch Gott? Warum muss er warten, wenn er doch allwissend und allmächtig ist? Doch Tatsache ist, dass Gott nicht warten *muss*. Er *will* warten. Sein Plan mit uns Menschen beinhaltet Warten. Von der Schöpfung bis zur Offenbarung sehen wir einen Gott, der wartet und lenkt, bis der richtige

Augenblick gekommen ist, um seine Ziele durchzuführen. Durch die gesamte Bibel hindurch wird uns der wartende Gott vor Augen gestellt. Doch in unserer Hast und Eile überlesen wir dies oft.

Schauen wir uns einige Beispiele an: Joseph brachte drei Jahre unschuldig in einem ägyptischen Kerker zu, bis er durch Gottes Eingreifen zu Macht und Anerkennung gelangte. Hätten sechs Monate oder ein Jahr Gefängnis nicht auch gereicht? Warum gleich drei Jahre?

Und wie stand es mit David, der von Gott zum König von Israel gesalbt wurde und dann fünfzehn Jahre auf der Flucht, in Verstecken und mit Warten zubringen musste, bis er König über Juda wurde. Dann vergingen noch einmal weitere sieben Jahre, bevor er seine rechtmäßige Herrschaft über das gesamte Land antreten konnte.

Wir sehen Gott, der darauf wartet, seinen Sohn auf diese Erde senden zu können, um sein großes Erlösungswerk zu vollbringen. Paulus schreibt in Galater 4,4: »... *als aber die Fülle der Zeit kam, sandte Gott seinen Sohn ...*« Denken wir einmal darüber nach. Der Gott des Universums hält zurück, wartet darauf, seinen Erlösungsplan auf Erden zu verwirklichen. Nicht zu früh, nicht zu spät, sondern genau zur rechten Zeit.

Die meiner Meinung nach eindrucksvollste Geschichte vom Warten, die uns die Bibel nennt, ist die des Lazarus, dem Bruder Marias und Marthas. Als Lazarus sterbenskrank wurde, sandten Maria und Martha nach Jesus, der sich zu dieser Zeit nur etwa 12-16 km entfernt aufhielt. Sie wussten, dass Jesus die Antwort auf ihre Probleme war - wenn er nur kommen würde. Aber Jesus wartete. Er handelte nicht. Er hätte selbst von dem Ort aus, an dem er war, ein Wort der Heilung sprechen können, und Lazarus wäre gesund geworden. Doch er tat es nicht. Als Jesus letztendlich in Bethanien eintraf, war Lazarus bereits vier Tage tot.

»Wenn Du hier gewesen wärest«, sagte Maria wohl zornig wie auch pathetisch, *»so wäre mein Bruder nicht gestorben.«*

In diesem Augenblick begann auch Jesus zu weinen. Eine natürliche, aber dennoch unerklärliche Situation, da er Marias Trauer (und seine eigene) hätte verhindern können, wenn er früher gehandelt hätte. Doch sein Warten war beabsichtigt. Gott hatte die ganzen Ereignisse von vornherein geplant, wie Jesus es zuvor den Jüngern erklärte: *»Diese Krankheit ist nicht zum Tode, sondern um der Herrlichkeit Gottes willen, damit der Sohn Gottes durch sie verherrlicht werde.«* Dieser gesamte Plan der Verherrlichung Gottes setzte jedoch voraus, dass Jesus nicht handelte, zumindest noch nicht in diesem Augenblick.

Wir könnten weitere Bibelabschnitte heranziehen, doch ich denke, das Prinzip wird deutlich. Manchmal wartet Gott. Oft wartet er auf diejenigen, die in einer Glaubenskrise stecken. Wenn wir uns zweier grundlegender Wahrheiten über den wartenden Gott bewusst werden, kann uns dies in solchen Situationen Trost spenden.

Zunächst einmal müssen wir verstehen, dass Zeit für Gott eine völlig andere Bedeutung hat als für uns. Wir denken linear: gestern, heute und morgen. Unsere Vorstellung bezieht sich auf die Länge. Wie viele Tage, Monate oder Jahre brauchen wir, um eine bestimmte Sache zu erreichen? »Wie lange?« ist die Frage, die uns beschäftigt, wenn wir an unsere Kinder in Glaubenskrisen denken.

Für Gott ist alles gegenwärtig. Gestern, heute und morgen

existieren für ihn nicht. Einfach ausgedrückt sind tausend Jahre für Gott wie ein Tag. So erklärt es uns der Apostel Petrus in 2. Petrus 3,8. Für uns ist das schwierig, wenn nicht sogar unmöglich zu verstehen. Tausend Jahre und ein Tag sind das Gleiche? Für Gott überhaupt kein Problem. Er hat die Zeit geschaffen und ihr ihre Bedeutung gegeben. Und er hat uns geschaffen, um in diesem zeitlichen Rahmen zu leben und die Zeit auf menschliche Weise zu begreifen.

Es gibt aber noch einen weiteren, grundlegenden Unterschied zwischen unserem und Gottes Zeitverständnis. Für Gott bezieht sich die Zeit auf das, was geschieht oder in Erfüllung geht, und ist für ihn nicht einfach nur etwas unbemerkt Fortschreitendes, wie zum Beispiel das Ticken einer Uhr oder das Vergehen eines Tages. Zugegebenermaßen finden wir auch in der Bibel den linearen Zeitaspekt. Gott lenkt die Menschheitsgeschichte auf ein bestimmtes Ziel hin. Er hat einen Plan und alle Dinge geschehen exakt im richtigen Augenblick. Aber auch hier geht es eher um den rechten Zeitpunkt für ein Ereignis als um das Verstreichen von Zeit an sich.

Als der Herr Jesus zu seinen Jüngern über die Endzeit sprach, sagte er: »*Von jenem Tag aber oder der Stunde weiß niemand, weder die Engel im Himmel noch der Sohn, sondern nur der Vater*« (Mk 13,32). Diese Aussage bedeutet, dass der Herr Jesus genau in dem Augenblick wiederkommen wird, den Gott der Vater dafür bestimmt hat. Die Betonung liegt hier auf dem Ereignis, für welches man bereit sein und das man erwarten sollte. Wann genau all dies eintreffen wird, ist hingegen nicht der wesentliche Punkt, da als Mensch selbst der Herr Jesus dies nicht wusste. Denken wir noch einmal an die

Begebenheit mit Lazarus. Weder das Warten Jesu noch der Tod des Lazarus bildeten den Mittelpunkt der Ereignisse. Etwas weit Wichtigeres sollte geschehen. Zur Ehre Gottes sollte Lazarus sowohl von seiner Krankheit geheilt als auch von den Toten auferweckt werden.

Wird uns klar, welchen neuen Blickpunkt uns dies eröffnet, wenn wir diese Tatsachen auf die Situation unserer Kinder in Glaubenskrisen beziehen? Während wir ängstlich warten und zweifeln, hat Gott längst sein Werk in ihrem Leben begonnen. Sein Plan schließt viele Ereignisse und Details mit ein, die alle auf ein Ziel hinsteuern: Die Rückkehr des verlorenen Sohnes in das Haus des Vaters. Nur Gott weiß, wie lange es dauern wird, um zum Herzen eines rebellischen, willensstarken Sohnes vorzudringen. Oder was nötig ist, um einer geistlich enttäuschten Tochter Heilung und neue Hoffnung zu geben.

Zurückgekehrte berichten oft von der erstaunlichen Art und Weise, wie Gott in ihrem Leben wirkte, während sie den Glauben verlassen hatten. Meist geschahen diese Dinge unbemerkt oder wurden nur sehr vage von ihnen wahrgenommen bis es zu einem Ereignis kam, welches sie entweder direkt zum Herrn zurückführte oder auf den Weg nach Hause lenkte. Während dieser ganzen Zeit nahmen wir an, Gott würde einfach nur schweigen.

Wenn wir uns diese Gedanken eingestehen, darf ich eine zweite Frage in den Raum stellen? Kann es sein, dass Gott auf die Eltern genauso wartet wie auf ihre abgeirrten Kinder? Der Prophet Jesaja sagt: *»Und darum wird der Herr darauf warten, euch gnädig zu sein«* und fügt dann einen merkwürdigen Satz hinzu: *»Und darum wird er sich erheben, sich über euch zu erbarmen. Denn ein Gott des Rechts ist der Herr. Glücklich* *alle, die auf ihn harren«* (Jes 30,18). Erheben, um zu segnen? Finden wir hier etwa einen Hinweis darauf, dass Gott Eltern einige wichtige Dinge zeigen möchte, während sie um die geistliche Rückkehr ihres Kindes beten, bangen und hoffen? Wirkt Gott im Leben beider Gruppen? Ich denke schon. Wenn es um Kinder in Glaubenskrisen geht, wartet Gott sowohl mit uns als auch auf uns. Die Situation ist nie einseitig.

Dies sollte uns nicht erstaunen. Wir kennen die Verheißung aus Römer 8,28, dass denen, die Gott lieben alle Dinge zum Guten mitwirken, denen, die nach seinem Vorsatz berufen sind. Wir glauben, dass Gott alles nach dem Rat seines Willens wirkt (Eph 1,11), doch der nachstehende Satz bereitet uns Schwierigkeiten: »*… damit wir zum Preise seiner Herrlichkeit seien«* (Vers 12).

Wenn wir ehrlich sind, sträubt sich unser Innerstes dagegen. Diese ganze Situation kann doch niemals zum Preise seiner Herrlichkeit sein. Wie soll dieser Schmerz und diese Ratlosigkeit Gott Ehre bringen? Und dennoch, durch Gottes unergründlichen Ratschluss wird uns der Schmerz um unsere Kinder zum Segen und bringt Gott Ehre.

Durch die gesamte Bibel und über die Jahrhunderte der Kirchengeschichte hinweg war innere Zerbrochenheit das Prinzip, nach dem Gott sich seinem Volk gegenüber offenbarte. Menschlich gesehen ist dieser Gedanke völlig widersprüchlich, und dennoch haben die, welche in Gottes Nachfolge standen, immer wieder erfahren, dass dies eine grundlegende Wahrheit ist: Leid und Schmerz sind Boten Gottes.

Doch tragen auch wir das Samenkorn für unsere Heilung und Wiederherstellung in uns, damit wir Gott Ehre bringen und anderen Menschen zum Segen sein können.

All dies mag sich vordergründig nach asketischer Geistlichkeit und Selbstpeinigung anhören, doch dies ist es nicht, was ich vermitteln möchte. Gott muss uns nicht erst verletzen, um uns Gutes tun zu können, noch dürfen wir ihn als jemanden sehen, der uns herzlos Leiden auferlegt.

Der Punkt, den ich herausstellen möchte, ist vielmehr dieser: Das Leid und Durcheinander, dass in unser Leben tritt, wenn unsere Kinder den Glauben verwerfen, hat einen Sinn und ein Ziel. Es ist Bestandteil eines großen Ganzen. Wir dürfen erkennen, dass Gott in unserem Leben *und* im Leben unserer Kinder wirkt und seine Ziele verwirklichen will. Wenn wir den Schmerz und das Leid verleugnen oder um jeden Preis zu vermeiden suchen, gehen wir an dem vorbei, was Gott in unserem Leben tun will.

Oswald Chambers, ein schottischer Bibellehrer zu Anfang dieses Jahrhunderts schrieb ernste Worte zum Thema »Eltern und Leid«, indem er das Leben Abrahams betrachtete: »Gott hat einen besonderen Plan mit jedem Kind, welches in diese Welt hineingeboren wird.« Chambers sagt in Bezug auf Isaak und Ismael: »Zwischen der Verheißung des neuen Lebens, welches Gott in uns schafft, und unseren eigenen persönlichen Bestrebungen besteht keinerlei Beziehung. Wir müssen den Verheißungen Gottes nachjagen, anstatt zu versuchen, mit Hilfe von Gottes Gaben unsere eigenen Ziele zu verwirklichen.«

Dann fügt Chambers folgende tiefsinnigen Worte hinzu:

Nehmen wir einmal an, Gott würde es gefallen, uns zu zerbrechen, damit sein Sohn in uns Gestalt gewinnen kann. Was würde dies für uns bedeuten? ... Wenn er sein Schwert durch das Natürliche in uns bohrt, schreien wir auf und sagen: »Nein, ich kann dies nicht ertragen« und dennoch müssen wir es ertragen. Wenn wir uns weigern, unser natürliches Leben dem Sohn Gottes in uns unterzuordnen, dann wird der Sohn Gottes in uns sterben*. Wir müssen den neuen Menschen anziehen, damit der Sohn Gottes in uns leben kann und wir unser Leben zur Ehre Gottes führen.

Hinter der Geschichte jedes Kindes, welches den Glauben verlässt, steht Gottes letztendliches Ziel mit jedem Gläubigen: Wir sollen verwandelt werden in das Bild seines Sohnes. Das ist das Größere, was wir sehen müssen. Leid und Schmerz war auch der Weg unseres Herrn. Er wusste, was Ablehnung bedeutete. Er durchleidete jedes menschenerdenkliche Leid. Doch trotz seiner Leiden und Schmerzen war er stets Gott gehorsam. Er ging ans Kreuz und lud die Sünde und das Leid der Welt auf sich.

Wenn wir das Leid und den Schmerz annehmen, insbesondere in Bezug auf Kinder in Glaubenskrisen, dann folgen wir damit seinen Spuren und der Sohn Gottes gewinnt in uns Gestalt. Dies ist Teil einer Reise, die Chambers »den Weg der Seele zu Gott« nennt. Dieser Weg ist nicht einfach und niemals schnell. Wie lange er dauern wird - das Warten und die freudige Erfüllung - liegt in der Hand unseres liebenden und allwissenden Gottes.

Legen wir als Eltern unser Vertrauen auf ihn! Er liebt unsere Kinder mehr, als wir es jemals können. *»All eure Sorge werft auf ihn, denn er sorgt für euch«* (1Petr 5,7).

---

* Anm. des dt. Herausgebers: Diese Ausdrucksweise ist unter Umständen missverständlich. Anders ausgedrückt könnte man vielleicht besser so formulieren, dass sich der Heilige Geist in uns zurückzieht, wenn wir ihm die Herrschaft über unser Leben verweigern, und so das Leben des Sohnes Gottes in uns nicht zum Ausdruck kommen kann.

KAPITEL 3

Mrs. Holmes und
der abgeirrte Prediger

Ein dürrer, dunkelhäutiger Mann mit karibischem
Akzent sitzt gekrümmt auf einer Bank des Washing-
toner Meridian Parks. Müde vom Nichtstun starrt er
auf den Boden, ohne die anderen Junkies und Trinker um ihn
herum wahrzunehmen. Er hat Angst.

Ein Windzug, der den hereinbrechenden Winter verrät, wir-
belt einige Papierfetzen um seine Füße herum. Er schlägt seinen Kragen hoch und dreht dem Wind den Rücken zu. Er ist
hungrig.

Der junge Mann auf dieser Bank heißt Oliver Phillips. Er
ist intelligent, gebildet und charmant und war einmal ein moti-
vierter Jugendleiter einer New Yorker Gemeinde und Missionar
in seiner Heimat Trinidad.

In seinem früheren Leben hatte er Anzug und Krawatte
getragen. Neben seiner Tätigkeit in der Gemeinde arbeitete er

halbtags in einem Büro, um seinen Dienst zu finanzieren. Er war beliebt bei seinen Kollegen, die seinen Akzent und seine Ausstrahlung anziehend fanden.

In seiner Mittagspause besuchte er mit seinen Kollegen oft gehobene New Yorker Restaurants. Es dauerte nicht lange, bis auch er mittags Cocktails trank. Dieser kleine Abweg fiel weder den Leitern noch Gliedern seiner Gemeinde auf. Doch sein Geheimnis sollte sehr bald bekannt werden. Denn die alkoholischen Getränke, die er mittags schlürfte, führten bald zu einer Abhängigkeit, die er weder vor seiner Frau noch vor der Gemeinde verbergen konnte.

An diesem Abend in Washington sind seine Kleider schmutzig und seine Augen glasig. Sein Gesichtsausdruck ist leer. Er stinkt.

Zwei Wochen zuvor war Oliver Phillips in Angst aus New York geflohen. Wegen Trunksucht nicht länger brauchbar für den Dienst und von jeglicher christlicher Gemeinschaft abgeschnitten, hatte er sich auf den Drogenhandel eingelassen, um an Geld zu kommen. In seiner Sucht nach Alkohol hatte er Geld ausgegeben, welches seinen Drogenbossen gehörte. Schnell sprach man ihn an, dass er besser bezahlen sollte, bevor es ihm an den Kragen ginge. Stattdessen nahm er den nächsten Bus nach Baltimore und verbrachte eine Nacht bei einem befreundeten Gemeindeleiter, um dann weiter zu fliehen nach Washington, wo er niemanden kannte und von keinem gekannt war.

Ohne Geld und Bleibe ist er gefangen in einem Netzwerk von Alkohol und Drogen, ein Umherirrender, weit entfernt von seinem Zuhause und dem Gott seiner Errettung. Niemals hatte er geahnt, dass er sich einmal in einer solchen Lage befinden würde.

Oliver Phillips ist nicht einfach nur in einer Glaubenskrise. Sein Leben könnte nicht verkorkster sein. Dieser begabte junge Mann, der einmal dem Herrn von ganzem Herzen gedient hatte, lebt nun völlig entfernt von Gott. Offen gefragt, gibt es noch Hoffnung für Oliver Phillips? Ist es möglich seine Geschichte zu lesen und sich dann in den Sessel zurückzulehnen und zu meinen, es sei alles in Ordnung? Wohl kaum. Wer wird ihm helfen, wie und wann?

Die Wahrheit ist, dass Oliver Phillips nicht alleine ist. Gott ist auch im Meridian Park. Obwohl Oliver seine Familie, seinen Dienst und seinen Herrn verlassen hat, hat Gott ihn dennoch nicht verlassen. Die ganze Zeit ist er da gewesen und ist ihm durch sein verkorkstes Leben hindurch nachgegangen und hat ihn gerufen, um seine Aufmerksamkeit zu bekommen.

Bis zu diesem Augenblick hat Oliver Phillips nicht innegehalten, sich nicht umgeschaut oder auf Gott gehört. Doch nun ist er schließlich im richtigen Augenblick an genau dem rechten Ort. Bald wird er mit dem konfrontiert werden, der ihn mit ewiger Liebe liebt und niemals aufgehört hat, ihn zu suchen. Innerhalb der nächsten Stunde wird eine ältere Frau, die Oliver nicht kennt (und die ihn nicht kennt), eine unglaubliche Kette von Ereignissen in Bewegung setzen, die sich kein Autor ausdenken könnte.

Schauen wir zu, wie der Gott des Universums etwas vollbringt, wozu kein Mensch in der Lage wäre! Dann werden wir staunend erkennen, dass unser Gott der alleinige Herr der ganzen Erde ist und dass ihm nichts zu schwer ist.

Eine ältere Frau kommt durch den Park geradewegs auf Oliver Phillips zu. Sie scheint ihn im Blick zu haben. Schon steht die weiß gekleidete, kleine Frau, wahrscheinlich Mitte sechzig, vor ihm. Ihr Name ist Mrs. Holmes.

»Ihre Bibel fiel mir sofort auf«, erinnert sich Oliver später. »Sie wollte mir ein Traktat geben, aber ich lehnte ab. Ich ließ sie wissen, dass ich hungrig und obdachlos war und nicht in der Stimmung, ihr Traktat anzunehmen. Ich sagte, dass ich nichts über Christus hören wollte. Sie sollte sich meines Schmerzes und Hungers annehmen.

Sie sagte mir, ich solle das Traktat lesen, und ging dann weg. Natürlich las ich es nicht, sondern warf es auf den Boden. Dann kam Mrs. Holmes überraschenderweise zurück. Ich dachte, sie wäre bereits gegangen. Ich glaubte, dass sie nur eine von den Christen wäre, die einem immer die gleiche alte Geschichte: ›Der Herr kann helfen‹ erzählen und dann aber weggehen, ohne zu helfen. Sie kam direkt auf den Punkt. ›Ich habe verstanden, was sie mir sagen wollten‹, sagte sie. ›Sie sehen aus, als meinen sie es ernst.‹«

»Heute weiß ich natürlich, dass der Geist Gottes sie leitete«, fährt Oliver fort. »Sie sagte mir, dass sie in der Nähe lebe und lud mich zu sich nach Hause ein. Ich konnte es nicht fassen. Sie versuchte nicht mich zu bekehren, sondern sagte einfach: ›Kommen Sie mit zu mir.‹ Sie sagte: ›Wenn Sie wirklich wollen, dass Ihnen jemand in Ihrer Not hilft, dann komme ich in einer Stunde zurück und hole sie ab.‹

Ich war von Hoffnung und Verzweiflung hin und her gerissen. Würde sie wirklich wiederkommen? Aber sie kam und nahm mich mit nach Hause. Ich wusste nicht, ob ich ihr sagen sollte, dass ich Prediger gewesen war, deshalb sagte ich einfach nichts. Sie erzählte mir dann, dass ihre Kinder erwachsen und aus dem Haus seien, und dass ihr Mann vor drei Monaten gestorben war. Sie habe also genügend Platz für mich.

Als wir ihr Haus betraten, hörte ich christliche Musik spielen. Ich begann über Gott und meine Vergangenheit nachzudenken. Mrs. Holmes gab mir ein kleines Radio und brachte mich in ein Zimmer, das ihren Kindern gehört hatte. Sie sagte mir nicht, was ich hören sollte, sondern gab mir einfach nur das Radio. In dieser Nacht schaltete ich es ein und suchte nach einem christlichen Sender.

Am nächsten Morgen hörte ich ein Klopfen an meiner Tür. Mrs. Holmes kam herein und fragte mich, welchen Sender ich eingestellt hätte. Sie hatte durch die Tür Musik gehört. In diesem Augenblick brach ich zusammen und erzählte ihr, dass ich einmal mit Gott gelebt hatte. Sie war schockiert. Dann sagte sie zu mir: ›Gott ist nichts unmöglich, er kann Sie zurückbringen. Ja, er kann es.‹

Inzwischen war ich bereit zuzuhören. Sie hatte mir zu Essen gegeben, ich durfte duschen und bekam neue Kleidung. Ich hatte Achtung vor ihr und ich wollte reden. Ich schüttete ihr mein Herz aus und sie versicherte mir immer wieder, dass Gott mir helfen werde.

Bald danach ging ich in das ›Haus des Töpfers‹ auf der Columbia Road und traf dort Tom Neece und die ›Gemeinschaft der Hoffnung‹. Dort begegnete ich Menschen, die meinen Weg und Schmerz verstanden. Zum ersten Mal fand ich Christen, die mich gemeinsam annahmen und sagten: ›Ja, Gott liebt dich, unabhängig davon, was in deinem Leben geschehen ist.‹ Anstatt mich zu verurteilen, sahen sie auf das, was in meiner Seele und in meinem Geist geschehen war. Mrs. Holmes und die ›Gemeinschaft der Hoffnung‹ machten es möglich, dass ich mein Leben in Ordnung bringen und zu Gott zurückkommen konnte.«

Oliver Phillips wurde nicht augenblicklich von seiner Alkoholabhängigkeit geheilt. Er hatte weiterhin mit seiner Sucht zu kämpfen, aber durch regelmäßige christliche Gemeinschaft und Bibelstudium bewegte er sich stetig auf den Herrn zu.

»Am 1. Januar 1985 legte ich mein Leben völlig in die Hände Gottes. Ich sagte: ›Gott, was auch immer du aus mir machen möchtest, wo auch immer ich hingehen soll, ich gehöre alleine dir‹.

Später, im gleichen Jahr, spürte ich, dass Gott mich zurück in den Dienst führen und mir eine zweite Chance geben würde. Das war nicht leicht. Ich hatte eine normale Arbeit und mir ging es gut. Ich hatte Angst zu versagen, wenn ich zurück in den Dienst gehen würde - der Teufel benutzte das gegen mich. Dies behinderte meine völlige Hingabe und meine Bereitschaft, in den Dienst zu gehen.

1989 ging ich dann doch zurück in den vollzeitlichen Dienst und 1990 ergab sich die Gelegenheit, dass ich eine Stelle als Gemeindeleiter in Baltimore annehmen konnte. Jetzt ist etwas Erstaunliches passiert. Tom Neece, der Vorsitzende der ›Gemeinschaft der Hoffnung‹ hat letztes Jahr seine Stellung aufgegeben. Aus elf Bewerbungen für einen Nachfolger wurde ich ausgewählt, um die Verantwortung für diesen Dienst zu tragen.

Das Paradoxe ist, dass dort viele Menschen sind, die auch da waren, als ich nach Hilfe suchte. Sie kennen meine Vergangenheit. Und sie wissen auch, wie Gott in meinem Leben gewirkt hat. Diese Menschen haben unaufhörlich für mich gebetet. Ich habe nun die Freude, zurückkehren und ihnen dienen zu dürfen. Ich bin ein Zeugnis der Tatsache, dass

Gott wirklich die Abgeirrten zurückholt.«

Zu der Geschichte von Oliver Phillips gehört noch mehr. Unter anderem eine liebende, betende Ehefrau, die den Mut hatte, ihren Mann loszulassen und ihn Gott anzuvertrauen. Wir werden uns gleich noch näher damit beschäftigen.

Doch zuerst möchte ich noch einmal betonen, was meiner Meinung nach die Hauptaussage dieser Geschichte ist: Menschen und Beziehungen spielen für die Glaubensumkehr eines Abgeirrten eine äußerst wichtige Rolle. Wir sollten dieses zentrale Element nicht übersehen. Im Leben eines jeden Heimkehrers steht ein Mensch, der eine echte Beziehung mit ihm aufgebaut hat. Diese Person kann der Ehepartner, ein Großelternteil oder ein anderer Verwandter sein. Der Vermittelnde kann ein gläubiger oder ungläubiger Freund, ein Arbeitskollege oder ein fremder Christ sein wie im Fall von Oliver Phillips. Ich habe bisher noch niemanden kennen gelernt, der nicht durch irgendeine andere Person den Weg zum Herrn zurückgefunden hat.

Vielleicht fragt sich nun jemand, ob es für einen Abgeirrten möglich ist, ohne die Hilfe eines anderen zurückzufinden. Da bei Gott nichts unmöglich ist, kann dies natürlich geschehen, doch aus irgendeinem Grund möchte Gott zumeist eine zweite, dritte oder vierte Person für die Rückkehr eines Abgeirrten benutzen.[1]

Wie steht es dann mit der Geschichte des verlorenen Sohnes, von dem die Bibel sagt, dass er »in sich ging«? Ist das nicht eine Heimkehr ohne den Einfluss einer anderen Person?

Auf den ersten Blick sieht es tatsächlich so aus, als wenn niemand anderes daran beteiligt ist. Ich möchte aber dennoch dagegen argumentieren. Es ist die tiefe, unaufhörliche Liebe des Vaters, die der Sohn niemals vergessen kann. Der Sohn mag sein Zuhause verlassen haben, aber sein Vater ist immer noch bei ihm. Wahrscheinlich erkannte der Sohn die Liebe des Vaters in der Ferne viel deutlicher als zu Hause. Trotz seiner demütigen Worte wusste er: Der Vater liebte ihn und würde ihn willkommen heißen.

Was bedeutet das für diejenigen unter uns, die Familienmitglieder oder enge Freunde haben, die den Glauben verlassen haben?

Wenn wir unsere Söhne und Töchter, die vom Glauben abirrten, wirklich geliebt haben, dann wissen sie dies. Unsere Liebe war nicht umsonst. Aus diesem Grund spielen wir eine wichtige Rolle bei ihrer Rückkehr. Egal, wo sie sind oder was sie auf ihrer Lebensreise erlebt haben.

Die Tatsache, dass vermittelnde Personen eine wichtige Rolle in der Heimkehr von Abgeirrten spielen, sollte uns motivieren, bewusst Ausschau nach solchen Menschen zu halten. Wir sollten wie der hingegebene Hirte in Lukas 15 sein. Dieser erstaunliche Mann, voll von Pflichtbewusstsein und Sorge um seine Herde, wollte nicht eher ruhen, bis alle seine Schafe sicher im Stall waren. So sollten auch wir unsere Zeit und Energie darauf verwenden, verlorene Schafe zu finden.

Für Mütter, Väter und Großeltern ist diese Verantwortung selbstverständlich. Es ist keine Übertreibung, wenn man sagt, dass Abgeirrte jeden Tag in den Gedanken und Gebeten ihrer gläubigen Eltern und Großeltern sind. Für mich ist diese Liebe und dieses Mitgefühl für Kinder in Glaubenskrisen unbeschreiblich und übersteigt jede andere menschliche Liebe.

Leider kann dies nicht über alle Gläubigen gesagt werden. Ich bin mir sicher, dass die meisten Christen Mitgefühl gegenüber Abgeirrten und ihren Familien haben. Aber irgendwie ist es im Allgemeinen schwierig, Abgeirrte zu lieben. Sie stehen auf unserer geistlichen Prioritätenliste häufig nicht sehr weit oben. Es ist fast so, als würden wir denken, sie hätten ihre Chance verspielt, indem sie sich willentlich von Gott und der Gemeinschaft der Gläubigen abgewendet haben.

In einigen Fällen ärgert uns ihre Glaubensablehnung. Es erscheint uns falsch, töricht und undankbar. Warum sollten wir uns mit solchem Fehlverhalten beschäftigen, wenn sie bereits mehr als genug wissen, um von ihrer Sünde und Auflehnung umzukehren? Warum sollten wir unsere Zeit und Energie mit Abgeirrten verschwenden, wenn andere das Evangelium noch nie gehört haben?

Doch genau genommen stehen wir alle in der Gefahr des Abirrens. Wenn es ihnen passieren konnte, warum nicht auch uns oder unseren Kindern? Aber wer will sich schon mit diesen Gedanken beschäftigen? Deshalb wenden wir uns instinktiv ab und hoffen, dass sich andere, wie zum Beispiel Familienmitglieder, ihrer annehmen werden.

Die Schrift zeigt uns jedoch einen anderen Standpunkt. Durch die ganze Bibel hindurch lesen wir von einem liebenden, vergebenden Gott, der die Verlorenen sucht. Geistliche Verlorenheit bedeutet in der Bibel in erster Linie, ohne Gott und ohne Hoffnung in dieser Welt zu sein. So beschreibt Paulus den früheren, ungläubigen Zustand der Gläubigen in Ephesus (Eph 2,12). *»Denn einst wart ihr Finsternis«*, sagt Paulus ihnen, *»aber nun seid ihr Licht in dem Herrn«* (Eph 5,8).

Gleichzeitig sucht Gott in vielen Bibelabschnitten diejenigen, die bereits seine Kinder sind, in ihrer Verlorenheit und ihrem Umherirren. Das gilt besonders für sein erwähltes Volk

Israel aber auch für den Einzelnen (Jes 43,5-7; Jer 3,12-15; Lk 15,11-23). In jedem dieser Fälle ergreift Gott die Initiative. Er liebt uns, obwohl wir nicht liebenswert sind, sucht uns, wenn wir von ihm weglaufen, sorgt sich um uns, wenn wir nicht einmal um uns selbst Sorge tragen.

Auf den Punkt gebracht heißt das, dass die, die wir stark im Glauben sind, die Verantwortung für die Schwachen im Glauben haben. Ganz gleich, wer sie auch sind - Familie, Freunde oder Unbekannte. Es steht uns nicht zu, sie einfach nur zu bemitleiden, um uns dann etwas anderem zuzuwenden, was wir für geistlich wichtiger halten. Abgeirrte, die Christus als ihren Erretter angenommen haben, sind Teil der Familie Gottes*, Geschwister, die dringend unser Gebet und unsere Hilfe brauchen, ganz gleich, wie rebellisch oder desinteressiert sie auch sein mögen.

Wie sollen wir uns dann verhalten? Zunächst einmal sollten wir mit diesen Menschen so gnädig und liebevoll wie möglich umgehen. Sie brauchen unsere Liebe und Anerkennung. Die meisten Abgeirrten sind der Auffassung, dass sie von den Gläubigen abgelehnt werden, und nicht umgekehrt. Aufgrund ihrer Feindseligkeit fällt uns das oft nicht auf. Es ist sicherlich nicht einfach, jemanden zu lieben, der uns und dem christlichen Glauben den Rücken gekehrt hat. Doch um ihret- und des Evangeliums willen müssen wir genau dies tun. Wir folgen damit dem Beispiel unseres Herrn, der selbst in diese Welt gekommen ist, um zu suchen und zu retten, was verloren ist.

---

* Anm. d. dt. Herausgebers: Es ist wohl nicht in jedem Fall eindeutig feststellbar, ob eine Wiedergeburt bereits stattgefunden hat und der Abgeirrte wirklich schon zur Familie Gottes gehört oder ob nur ein bloßes Lippenbekenntnis vorlag, das einer Prüfung nicht stand hält.

Auch sollten wir nicht verurteilen. Dies ist oft schwieriger als liebevoll und barmherzig zu sein. Wir alle verurteilen andere schnell und finden viele »gute Gründe« dafür, besonders wenn es um geistliche Rebellen geht. Aber es ist falsch, diese Menschen, welche mit dem Glauben ringen, zu verurteilen. Sie brauchen vielmehr unser Mitgefühl und unsere Hilfe. Das Urteil sollten wir einfach dem Herrn überlassen, der angemessen und in völliger Gerechtigkeit richten wird.

Dies bedeutet jedoch nicht, dass wir unseren christlichen Standpunkt und unsere Überzeugungen nicht zur angemessenen Zeit äußern. Unsere tiefsten Überzeugungen und Gefühle verletzen den Abgeirrten nicht, wenn sie demütig weitergegeben werden. Vielmehr erinnern sie ihn auf richtige Weise daran, was er verlassen hat. Wenn man einem abgeirrten Kind liebevoll begegnet, bedeutet das auch nicht, dass wir damit Kompromisse eingehen und seinen Lebensstil gut heißen. Dies zu tun, würde sie nur in ihrer Ablehnung gegenüber dem Glauben bestärken.

Eine andere Möglichkeit, um Abgeirrte erreichen zu können, ist eine natürliche Freundschaft. Reden wir mit ihnen über die alltäglichen Dinge des Lebens: Beruf, das Zuhause, Familie, Sport. Unternehmen wir etwas oder laden sie zum Essen ein. In all dem sollten wir nichts über das Evangelium oder ihren Glaubenskampf erwähnen, wenn sie nicht das Thema von sich aus anschneiden. Leben Sie ihnen das Evangelium vor! Unsere Freundschaft muss ein Spiegelbild der Liebe und Gnade Gottes sein, mit der er sie zu sich selber ziehen will.

Letztlich können wir Abgeirrten dadurch nachgehen, indem wir bereit sind, sie ihre eigenen Wege gehen zu lassen. Manchmal kann Gott sein Werk im Leben des Abgeirrten besser vollbringen, wenn wir nicht daran beteiligt sind, wie schmerzvoll und angstmachend dieser Gedanke für uns auch sein mag. In einem solchen Fall müssen wir uns auf den Herrn werfen und geduldig auf ihn warten. In Hebräer 10,23 sagt der Schreiber uns hierzu ein sehr passendes Wort: *»Denn treu ist der, der die Verheißung gegeben hat.«*

Ich bin der Überzeugung, dass das Loslassen eines Abgeirrten für Eltern und Freunde ein wichtiger Punkt ist, und ich werde mich in diesem Buch noch einige Male auf dieses Thema beziehen. Doch schauen wir uns zunächst an, welche Rolle das »Loslassen« in der Geschichte von Oliver Phillips spielte. Oliver drückt es am besten mit seinen eigenen Worten aus. Denken wir beim Lesen darüber nach, wie seine Frau zu einer Schlüsselperson für seine Rückkehr wurde, indem sie ihn losließ.

»Meine Frau gab niemals auf«, sagt Oliver mit einem schmerzlichen Gesichtsausdruck, als ihn seine Erinnerungen einholen. »Sie versuchte zu verstehen und bemühte sich, nicht verurteilend zu sein, sondern betete einfach für mich und versuchte mich zu ermutigen, den Weg zurück zu Gott zu finden.

Ich glaube, dass Menschen die in engem Kontakt mit solchen sind, die den Glauben verlassen haben, drei Schritte durchlaufen. Einer davon ist Verurteilung. Dies ist der gefährlichste Teil.

Der zweite Schritt ist, zu ermutigen und zu beten. Wir bringen die Person vor Gott und beten anhaltend, denn das Gebet eines Gerechten vermag viel zu bewirken. Gott erhörte die Gebete meiner Frau und vieler, vieler anderer, welche für mich beteten. Sie alle gaben niemals auf.

Dann gibt es einen letzten Schritt. Wie man eine Ausgewogenheit zwischen diesem und dem zweiten Schritt findet, ist schwer zu definieren. Es muss unter ernstem Gebet geschehen. Es kommt der Punkt, an dem man aufhören muss, unterstützend zu wirken. Für meine Frau kam schließlich der Zeitpunkt, wo sie sich weigerte, mich länger zu bemitleiden. Sie sagte letztendlich: ›Oliver, du musst Hilfe suchen. Du brauchst Hilfe. Du brauchst Gottes Hilfe und die eines Seelsorgers. Du zerstörst unsere Ehe und dich selber. Du zerstörst unser Zuhause und die, die dir nahe stehen.‹ Es kam ein Punkt, wo sogenannte ›ernste Liebe‹ angemessen war.

Eltern müssen an diesen Punkt anlangen, wo sie ihr Kind einfach Gott übergeben. Sie müssen sagen: ›Herr, es liegt jetzt in Deinen Händen.‹ Es ist wie in der Geschichte Elisas, wo das Kind der Frau gestorben war und sie es in Elisas Kammer hinauftrug und auf sein Bett legte. Dann ging sie hinaus und schloss die Tür.

Manchmal ist dies genau das, was wir auch tun müssen und es ist sehr, sehr schwer. Aber es gibt einen Zeitpunkt, wo es sich nicht vermeiden lässt. Wir müssen sagen: ›Herr, dies ist dein Kind und ich weiß, dass du ein Wunder tun wirst. Du wirst es vollbringen. Ich höre auf, es selbst zu versuchen und lasse dich die Tür öffnen.‹«

Letztendlich ließ Olivers Frau ihn los. Sie hatte mit all ihrer Kraft versucht, ihm zu helfen, aber sie konnte es nicht und deshalb gab sie auf und ließ ihn los. Es lag nun an Gott, ihm zu helfen. Dies war sicherlich kein einfacher Entschluss, aber in seiner Situation, wie auch in vielen anderen, ist er notwendig.

Wenn auch wir vor dieser schwierigen Entscheidung stehen und uns das Herz bricht, halten wir einmal inne und erinnern uns an die Geschichte von Oliver Phillips! Vergessen wir auch nicht, dass wir unser Kind in die Hände eines treuen, niemals versagenden Gottes legen! Wenn Gott eines seiner Kinder retten kann, das verloren und völlig hoffnungslos auf einer einsamen Parkbank in Washington saß, dann kann er dies auch für unsere Kinder tun, ganz gleich in welchen Umständen sie sind.

KAPITEL 4

Unauslöschliche Erinnerungen

I m Norden von Baltimore gibt es eine nach außen hin
kaum auffallende Gegend, die Eingeweihten jedoch sehr
gut bekannt ist. Diese Leute finden sich auf ihrer Suche
nach Alkohol, Tanz, Sex oder sonstigem Vergnügen dort ein.
Der Hauptanziehungspunkt ist ein Nachtclub namens *Kaos*.
Ohne Zweifel spielt der Name der Bar auf das Wort Chaos an,
was für alles Wilde und Ungeordnete schlechthin steht. Die
Werbeanzeigen für diesen Nachtclub stellen aufreizende junge
Mädchen dar und versprechen dem Besucher jede Menge Spaß.

Würde es uns überraschen, wenn wir einmal diese Bar
betreten und dort junge Menschen aus christlichem Elternhaus
fänden? Leider entspricht dies der Realität. Enttäuschte junge
Menschen aus evangelikalen Elternhäusern und Gemeinden
Baltimores besuchen wie viele andere das *Kaos*. Warum ist dieser Ort für viele desillusionierte Menschen aus christlichem
Hintergrund ein solch beliebter Treffpunkt? Warum gehen sie
nicht einfach in irgendeine Musikkneipe oder Diskothek in

Baltimores Innenstadt?

Ich vermute, der Grund dafür liegt darin, dass das *Kaos* für sie der absolute Gegenpol zu allem Christlichen ist. Hierin spiegelt sich die sichtbare Ablehnung gegenüber den sozialen und moralischen Maßstäben wider, die sie zu Hause und in ihren Gemeinden vermittelt bekommen haben. Der Name der Bar scheint für sie unbewusst mit all diesen Dingen verbunden zu sein. Die Verwirrung und Unordnung, die sich im Leben dieser bedrückten jungen Menschen abspielt, findet ihren Ausdruck im Besuch dieser düsteren Nachtclubs. Es ist das personifizierte Chaos ihres Lebens.

Auf den ersten Blick erscheinen uns vom Glauben Abgeirrte überhaupt nicht betrübt, sondern eher sehr zielbewusst und bestimmt. Der Grund liegt darin, dass die meisten von ihnen ein sehr klares Ziel haben: Sie wollen ausbrechen! Ausbrechen aus der Gemeinde. Ausbrechen aus allen Regeln und Gesetzen. Ausbrechen aus einem Glaubensgebäude, welches ihnen keinen Sinn zu machen scheint.

Sie wollen dem religiösen Leistungsdruck, der Schuld und dem Gefühl des Versagens entfliehen. Sie wissen sehr genau, was sie nicht wollen, haben aber nur eine sehr vage Vorstellung von dem, was sie wollen. Ihr Leben ist bestenfalls verworren und schlimmstenfalls sinnlos. Gibt es überhaupt einen wahren Lebenssinn? Die meisten Abgeirrten haben keine Vorstellung hiervon, ganz egal, wie ihr Leben oberflächlich gesehen aussehen mag.

Doch selbst dann, wenn sie ihr Leben auf irgendwelche Weise ordnen, haben sie dennoch oft keine innere Ruhe. Der Grund liegt darin, dass es nicht einfach ist, sich von Gott zu entfernen. Glaube und Familie sind eine sehr reale Angelegenheit und im Innersten des Menschen verwurzelt, auch wenn Abgeirrte ihnen mit Gleichgültigkeit, Abneigung oder sogar Feindseligkeit gegenüberstehen.

Gott fern zu bleiben ist nicht weniger einfach. Es ruft viel Schmerz und Ungewissheit hervor. Wenn Abgeirrte Kontakt mit ihren Familien oder christlichen Freunden haben, wird jeder Besuch zu einer Erinnerung an ihre Glaubensvergangenheit, ganz gleich, ob über geistliche Dinge gesprochen wird oder nicht. Freunde und Familie lösen Erinnerungen an ein Leben aus, das man einst, oft mit viel Freude und Überzeugung, geführt, aber jetzt verworfen hat. Es ist ein vergangenes, aber kein vergessenes Leben.

Diese Erinnerungen spielen eine wichtige Rolle im Prozess der Rückkehr für diese Leute. Sie sind wahrscheinlich der einzige konstante Faktor im Leben jedes Abgeirrten. Es ist einfach nicht möglich, diese Glaubens- und Familienerinnerungen und die damit verbundenen Emotionen zu vergessen, ganz gleich, wie sehr man dies auch versuchen mag.

Immer wieder wurde dies in den Zeugnissen von Zurückgekehrten deutlich. Das sollte uns Trost geben. Auch wenn unsere Kinder weit entfernt vom christlichen Glauben sind, haben sie ihn dennoch nicht vergessen. Wenn wir diese einfache Wahrheit verstehen, können wir als Eltern mit neuer Kraft, besserem Verständnis und Hoffnung für unser Kind beten. Wir dürfen wissen, dass diese Wahrheit in ihnen verankert ist. Wir dürfen wissen, dass, wenn wir ein Tischgebet sprechen, ein Glaubenslied summen, in der Bibel lesen oder einfach den Namen Gottes erwähnen, dies ein Gefühl bei ihnen auslöst. Beten wir im Glauben und leben wir im Vertrauen: Rückkehr hat sehr viel mit Erinnerung zu tun.

Woran erinnern sich Abgeirrte? Sie erinnern sich an einst gelernte Bibelverse, biblische Geschichten, den Sonntagsschulunterricht, Freizeiten, an Worte und Melodien von geistlichen Liedern.

Sie erinnern sich an Andachten am Familientisch und an die eindrucksvollen Bilder, wenn ihre Eltern auf Knien beteten.

»Entschuldigung«, unterbreche ich oft im Gespräch mit Zurückgekehrten, »aber sind das nicht genau die Dinge, die bei ihnen die geistliche Ablehnung hervorgerufen haben?«

»Ja«, antworteten sie mit einem leichten Lächeln im Gesicht, »ich habe es damals nicht gemocht, aber es ist bei mir hängen geblieben. Irgendwann bin ich an einen Punkt gekommen, wo ich mich nach den Dingen sehnte, die ich als junger Mensch verachtete.«

D. H. Lawrence (1885-1930) wuchs in einem christlichen Elternhaus auf, lehnte jedoch als junger Mann den Glauben ab. Als kreativer und begabter Schriftsteller wurde Lawrence zu einem bekannten Autor, dessen radikale Ansichten über Sexualität und Gesellschaft die sexuelle Revolution vorausschattete, unter welcher unsere moderne Gesellschaft so sehr leidet. Lawrence bekannte sich in seiner späteren Laufbahn nie öffentlich als Christ, doch er schnitt in seinen Werken und Gedichten oft christliche Themen an wie z.B. in seinem herausragenden »Tortoise Muschel«-Gedicht, wo er darüber spricht, dass das Kreuz tiefer in das Leben eindringt, als wir erahnen. Vordergründig bezog er sich natürlich auf das kreuzförmige Muster auf dieser Muschel, doch deutete er damit unverkennbar mehr an, nämlich die verborgene, tiefe Bedeutung des Kreuzes von Golgatha.

In einer kurzen Abhandlung schreibt D. H. Lawrence, wie die Glaubenslieder, die er in seiner Kindheit gelernt hatte, ihn mehr beeinflussten als die hochrangigen Gedichte der Menschheitsgeschichte.

Nichts ist schwieriger festzustellen als das, was ein Kind von seiner Umwelt oder von dem, was es gelehrt wird, in sich aufnimmt und was es verwirft. Diese Tatsache zeigt sich in meinem eigenen Leben durch die Glaubenslieder, welche ich als Kind gelernt und niemals vergessen habe. Sie bedeuten mir fast mehr als die schönsten Gedichte und haben für mich irgendwie einen weitaus beständigeren Wert. Es ist keine Schande einzugestehen, dass die Gedichte, die mir am meisten bedeuten, wie z.B. Wordsworths »Ode an die Unmoral«, Keats »Oden« oder Goethes »Über allen Gipfeln ist Ruh« und Verlaines »Ayant pousse la porte qui chancelle«, die das Leben eines Menschen maßgeblich beeinflussen und tief in seinem Bewusstsein verwoben sind, dennoch nicht so tief in mir verwurzelt sind wie die banalen Glaubenslieder, die meine Kindheit durchdrangen.[1]

Im Gedicht »Piano« erzählt Lawrence von seinen Kindheitserinnerungen an das sonntagabendliche Singen von Glaubensliedern am heimischen Klavier.[2]

Maryellen Karnes kennt die Kraft der Lieder aus einer christlichen Vergangenheit. Maryellen, die jetzt im Ruhestand in Baltimore lebt, gab in meinem Umfragebogen an, dass ein Kinderlied über Galater 2,20 maßgeblich an ihrer Rückkehr zum christlichen Glauben beteiligt war. Dies machte mich neugierig und ich fragte sie, ob ich sie interviewen dürfte. Sie bejahte und so saß ich eines abends mit ihr zusammen und hörte ihre Lebensgeschichte. Während unseres Gesprächs sang sie mir sogar das besagte Kinderlied vor.

Mit Anfang dreißig hatte Maryellen Christus als ihren Erretter kennen gelernt. In ihrem Eifer, dem Herrn zu dienen, engagierte sie sich in der Kinderevangelisationsbewegung. Zu ihren Aufgaben gehörte es, kleinen Kindern in der Nachbarschaft, Evangeliumslieder beizubringen. Sie ahnte nicht, dass eines dieser Lieder, welches ausschließlich aus Bibelversen bestand, sie acht Jahre lang unnachgiebig verfolgen würde, als sie dem Herrn den Rücken zukehrte.

Sie hatte ihren Ehemann verlassen, ihre beiden kleinen Kinder genommen und war mit einem anderen Mann nach Kalifornien gezogen. »Ich wusste, dass das, was ich tat, falsch war. Es war mir klar. Aber ich habe diese Gedanken einfach verdrängt und getan, was mir Spaß zu machen schien.«

Sie hatte nicht nur ihren Mann und ihre Familie verlassen, sondern auch jede Form von christlicher Gemeinschaft und Aktivität. Kein Bibellesen, kein Gebet, absolut kein Interesse an geistlichen Dingen. Menschlich gesehen wenig Aussicht auf geistliche Umkehr.

»Niemand hat mir gegenüber den Namen Jesu Christi erwähnt. Niemand! Die ganze Zeit über, hat mir keiner Zeugnis gegeben oder mit mir über den Herrn gesprochen. Doch der Heilige Geist sprach zu mir. Wenn ich z.B. beim Wäschewaschen war, summte ich ein Lied und dann wurde mir plötzlich klar, was ich eigentlich tat. Ich summte Galater 2,20. Dies geschah mir vier- oder fünfmal jährlich während der ganzen Zeit, in der ich vom Herrn entfernt war.

Wir zogen nach Seattle und kauften eine Farm. Eines Tages

kam ein Mann zu uns und wollte die Grundstücksgrenzen begutachten. Er war der Schatzmeister des Billy-Graham-Kreuzzuges, welcher nach Seattle gekommen war. Er gab mir eine Bibel und bot uns Sitzplätze in der ersten Reihe beim Billy-Graham-Kreuzzug an.

Mein Mann - eigentlich waren wir gar nicht verheiratet, aber ich nannte ihn meinen Mann - sagte sofort, dass Billy Graham für ihn der größte Verkäufer aller Zeiten sei und er ihn gerne erleben würde. So gingen wir also mehrere Abende dorthin und schließlich sagte ich: ›Ich muss nach vorne gehen und mein Leben dem Herrn übergeben.‹ Mein Mann sagte überrascht: ›Du möchtest Christ werden?‹ - Er hatte nie etwas von meiner geistlichen Vergangenheit gewusst. - ›Dann werde ich auch Christ.‹ Und er ging nach vorne und wurde errettet.«

Der suchende Hirte hatte das verlorene Schaf wiedergefunden. Wer außer Gott könnte so etwas planen. Er liebt die Seinen und sucht und rettet die Verlorenen. Gott hatte Maryellens Leben zum Guten gewandt. Sie heiratete ihren »Mann« (ihr früherer Ehemann hatte wieder geheiratet) und sie gaben sich ohne Vorbehalt dem Herrn hin.

»Wir waren beide verdorbene Sünder und wussten es. Aber der Heilige Geist war treu. Er erreichte mich durch dieses kleine Kinderlied aus Galater 2,20, welches mich nicht in Ruhe ließ. Und dann erreichte er uns beide durch den Besuch eines Grundstücksgutachters.«

Maryellens erstaunliche Geschichte ist nicht einzigartig. Es ist die Geschichte vieler Abgeirrter, die Gott willentlich den Rücken zugewandt haben. So sehr sie es auch versuchen, es gelingt nicht. Das Unterbewusstsein gräbt ihre Glaubenserinnerungen einfach immer weiter ein. Diese Glaubenserinnerungen und ewigen Wahrheiten, die einmal in den erstaunlichen Computer des menschlichen Gehirns eingegeben worden sind, lassen sich nicht mehr auslöschen.

Ein junger Mann, der durch die halbe Welt gereist war, um vor Gott zu fliehen, erzählte mir einmal, dass trotz seiner größten Anstrengungen, die bewussten Erinnerungen an seine christliche Erziehung zu unterdrücken, er oft nachts gerade von diesen Dingen träumte.

Oswald Chambers sagte, dass Gott manchmal nicht zu uns vordringen kann, solange wir nicht schlafen. Als ich diesen Satz zum erstem Mal las, löste er bei mir nur Kopfschütteln aus. Doch was Chambers damit meinte, ist, dass unser bewusster Abwehrmechanismus ausgeschaltet ist, wenn wir schlafen. An diesem Punkt, so glaubte Chambers, »handelt Gott mit dem unbewussten Leben der Seele«.[3] Wenn Gott unsere Aufmerksamkeit haben möchte, kann nichts, nicht einmal der Schlaf, die letzte Fluchtmöglichkeit des Bewusstseins, uns vor ihm verbergen.

All dies zeigt uns betenden Eltern, dass ein geliebtes Kind, welches so weit von Gott entfernt zu sein scheint, gar nicht so weit weg ist. Er oder sie ist so nah wie die Bibelverse, die Lieder und die Sonntagsschulerinnerungen, die tief in ihren Gedanken und Herzen verwurzelt sind. Gott ist gegenwärtig. Er sucht unsere Kinder auf Wegen, die unsere Vorstellungen übersteigen. Egal, ob sie wach sind oder schlafen.

Doch wie steht es mit der Sorge und Tragik, die das Leben eines Abgeirrten kennzeichnen? Wo ist der fürsorgende Gott, der alles in seiner Hand hält, wenn alles verkehrt zu gehen scheint? Die Wahrheit ist, dass Gott den Abirrenden wahrscheinlich in Schwierigkeiten näher ist als in jeder anderen

Situation. Ja, Gott benutzt sogar oft das Chaos in ihrem Leben, ihre Zerbrochenheit und Tragik, um auf kraftvolle Weise zu den Menschen zu sprechen, die sich von ihm entfernt haben.

Aus diesem Grund brauchen Eltern besondere Weisheit und Gnade, sich genau in dem Augenblick zurückzuhalten, wo die Dinge am chaotischsten erscheinen und sie am meisten eingreifen wollen, um ihren Kindern zu helfen. Der Versuch, Dinge auf menschliche Weise in Ordnung zu bringen, hilft nur sehr begrenzt, wenn radikaler göttlicher Eingriff und Heilung erforderlich sind.

Vertrauen wir auf Gott, wenn wir als Eltern vor ernsthaften Problemen stehen! Ruhen wir still in ihm und warten wir auf seine große Errettung! Denn er wirkt in all dem Durcheinander und den Sorgen unseres Kindes.

KAPITEL 5

Pfeile Gottes

*Siehe, ein Erbe vom Herrn sind Söhne, eine Belohnung die
Leibesfrucht. Wie Pfeile in der Hand eines Helden, so sind
die Söhne der Jugend.* (Ps 127,3-4)

An roten Ampeln lese ich gerne Aufkleber auf dem
Heck anderer Autos. Einmal sah ich einen Aufkleber,
der mich lauthals loslachen ließ. Auf ihm stand:
»Wahnsinn ist eine Erbkrankheit, man bekommt sie von seinen Kindern.«

Die meisten Eltern verstehen dies: »Kinder können einen
manchmal zum Wahnsinn treiben.« Kinder können Verzweiflung und Jubel, Angst und Trost hervorrufen. Sie können mit
unerschöpflicher Zielstrebigkeit diskutieren und ihren
Standpunkt mit überraschender Logik vertreten. Sie können die
Meinung ihrer Eltern verändern, sie können Erwachsene verletzen und bestimmte Reaktionen auslösen. Kinder sind auch
in der Lage, ihre Eltern zum Nachdenken über Gott zu be-

wegen. Sie können geistliche Sorgen hervorrufen, ernste Fragen stellen und sogar als Vorbild dienen.

Studien haben gezeigt, dass die Sorge um das geistliche Wohl ihrer Kinder einer der fünf Hauptgründe ist, warum erwachsene Abgeirrte zurück zum Herrn finden.[1] Dies geschieht auf verschiedenen Wegen.

Der offensichtlichste ist das Ereignis einer Geburt an sich. Es gibt nicht viele Eltern, die ein Kind in die Welt setzen, ohne dabei von dem Geheimnis des Lebens tief bewegt zu sein. Wenn man sich das Neugeborene anschaut, das eigene Fleisch und Blut, dann wird einem klar, dass man auch nach seinem Tod ein Stück in diesem Wesen weiterlebt. Nicht weit davon entfernt ist die Frage, ob es so etwas wie ewiges Leben gibt.

Dr. John Smith ist Professor an einer Universität in der Nähe von Baltimore. Er ist ein begabter Lehrer, der große Fachkenntnis und Anerkennung von seinen Kollegen wie auch Studenten genießt. Wie viele Lehrer hat Dr. Smith einen religiösen Hintergrund, würde sich selbst aber nicht als religiös bezeichnen. Stattdessen ist er ein Agnostiker, im Unklaren über Gott und deshalb bereit, über den Glauben nachzudenken, obwohl er sich selbst nicht als Gläubigen bezeichnen würde. »Keine Ahnung«, war jahrelang seine religiöse Haltung.

Doch ein Ereignis bewegte Dr. Smith, seine neutrale, schulterzuckende Haltung abzulegen: die Geburt seines ersten Kindes. Freunde, die ihn kennen, sagen, dass er angefangen hat, den christlichen Glauben seiner Kindheit neu zu ergründen. Er denkt neu über den Gott nach, den er einst als den Schöpfer und Geber des Lebens angesehen hat. Ein wichtiger Bestandteil dieses neuen Interesses an Gott ist ohne Zweifel in der Erkenntnis begründet, dass seine eigenen Überzeugungen und Wertvorstellungen eine wichtige Rolle in der Entwicklung seines Kindes spielen werden. Er möchte, dass sein Sohn wie er selbst die gleiche Möglichkeit haben sollte, an Gott zu glauben oder ihn abzulehnen.

Diese Sorge um das moralische und geistliche Wohlergehen der Kinder findet man unter Menschen, die in einer Gemeinde aufgewachsen sind und eine Glaubensentscheidung getroffen haben, aber dann entweder abgedriftet sind oder ihren christlichen Hintergrund bewusst verworfen haben. Diese Tatsache der geistlichen Sorge um die eigenen Kinder zieht sich durch alle Gesellschaftsschichten. Unabhängig davon, welchen Glauben die Eltern selbst praktizieren, sorgen sie sich doch um die moralische und geistliche Zukunft ihrer Kinder. Man findet dies sogar bei Menschen, die der Gemeinde äußerst fern stehen. Alan Walrath, der diesbezüglich Nachforschungen angestellt hat, ist überzeugt, dass diese Sorge »für die meisten derer, die die Gemeinde verlassen haben«[2] besteht.

Manchmal zeigt sich diese elterliche Sorge erst später, wenn die Kinder fünf oder sechs Jahre alt sind und anfangen, Fragen über das Leben und über Gott zu stellen. Kinder, die keine Gemeinde besuchen, fragen sich oft, warum ihre Freunde dies tun, aber ihre eigenen Eltern nicht. »Mama, glauben wir an Gott?« kann für Eltern, die aus christlichem Hintergrund kommen, eine sehr beunruhigende Frage sein. Studien haben ergeben, dass die meisten Menschen, die den Glauben verlassen haben, im Alter zwischen Mitte zwanzig und Mitte dreißig wieder zurückfinden. Diese Zahl lässt sich dadurch erklären, dass die Menschen, die in ihrer Jugend den Glauben verlassen haben, wieder zurückfinden, wenn sie selber Familie haben.

Manchmal zeigt sich die Sorge der Eltern um das moralische und geistliche Wohlergehen ihrer Kinder erst, wenn diese
im Teenageralter sind. Typischerweise geschieht das, wenn
der Sohn oder die Tochter in größere Schwierigkeiten verwickelt wird. Drogen, Alkohol, Schwangerschaft oder vielleicht
ein ernster Konflikt mit dem Gesetz.

Meist sind die Eltern dieser Teenager Ende dreißig bis
Mitte vierzig. Sie bilden damit eine weitere Hauptaltersgruppe
von Zurückkehrenden. Offensichtlich ereignete sich ihre
Glaubenskrise in ihrem jungen Erwachsenenalter und nicht in
ihrer Jugend. Schmerzliche Erfahrungen mit Kindern im
Teenageralter schockieren und ängstigen Eltern zutiefst,
besonders wenn sie selbst mit starken moralischen und geistlichen Wertmaßstäben groß geworden sind. In solchen
Situationen denken die Eltern an den Trost und die Sicherheit
des Glaubens, in welchem sie einst erzogen worden sind. Wenn
alles hoffnungslos erscheint, werden die Gedanken an Gott und
seine Kraft, Menschen zu verändern, insbesondere die eigenen
Kinder, zum letzten Zufluchtsort für besorgte Eltern. Gibt es
einen besseren Weg, auf dem Gott Abgeirrte an seine Liebe
erinnern könnte, als durch die Liebe zu ihren Kindern?

Don Coad hat am eigenen Leib erfahren, wie die Sorge um
seine Kinder geistliches Interesse bei einem Vater wecken
kann. Nachdem er sich lange von dem Glauben seiner betenden Eltern abgewandt hatte, saß Don eines Abends vor dem
Fernseher und sah sich beiläufig die Lokalnachrichten an, als
plötzlich ein Bericht über Gemeinden in Baltimore seine
Aufmerksamkeit erregte. Beim genaueren Hinsehen erkannte
er in der Menge eine Mutter, die ein Kind auf dem Arm hielt.
Unglaublicherweise war diese Frau seine frühere Freundin

und das kleine Mädchen auf ihrem Arm war seine eigene Tochter, die vor einigen Jahren unehelich geboren worden war. Augenblicklich, ohne bewusst nachzudenken, wurde Don Coad von dem Gedanken überwältigt, dass seine Tochter nicht wie er werden sollte. Und ihm war klar, was er tun musste, damit dies nicht geschehen würde.

Ist es nicht erstaunlich, wie Gott zehn oder fünfzehn Sekunden der Fernsehzeit nutzen kann, das richtige Programm auszuwählen, die Kamera auf eine bestimmte Person in der Menge zu richten und dann alles so miteinander zu verbinden, dass ein beiläufig zuschauender Mensch in einem ganz anderen Teil der Stadt dadurch den Weg zu ihm zurückfindet. Don Coad hatte an diesem Abend über alles andere als seinen geistlichen Zustand nachgedacht. Er war damit beschäftigt, seinem Vergnügen - Wein, Weib und Gesang - nachzugehen. Aber Gott wusste, wie er Dons Aufmerksamkeit bekommen würde, indem er ihm in Farbe und Großaufnahme das Gesicht eines kleinen Mädchens zeigte, das er in die Welt gesetzt hatte und liebte, aber nie väterlich umsorgt hatte. Wie ein Vorschlaghammer riss dieses kurze Fernsehbild die Mauern seines rebellischen Lebens nieder und läutete Ereignisse ein, die ihn letztendlich in Buße und Zerbrochenheit zu seinem Retter führten.

Doch hören wir uns den Rest der Geschichte an: Don Coad war in einer tief religiösen Familie in Baltimore aufgewachsen. Sein Vater war Diakon in der Gemeinde, zu welcher sie gehörten, und seine Mutter war eine fromme, betende Frau, die ihre Familie sehr liebte. Der regelmäßige Besuch der Gemeinde gehörte genauso zu Dons Leben wie Essen und Trinken. Es spielte keine Rolle, ob er gerne zur Gemeinde ging, er hatte keine Wahl. Gab es eine Gemeindeveranstaltung, war seine

Familie da, ohne wenn und aber. Don empfand die Gemeinde als langweilig und die Regeln des christlichen Lebens als einschränkend. Manchmal fragte er sich, ob er nicht adoptiert worden war, weil er so anders empfand als seine älteren Brüder, die gerne zur Gemeinde gingen. Dennoch entschied er sich als Jugendlicher für Christus und nahm an Gemeindeaktivitäten teil, ohne viel Aufsehen um seine Zweifel und rebellischen Gedanken zu erregen. Als er siebzehn war, entschied Don im Stillen, dass es an der Zeit war auszubrechen. Ohne Kämpfe, ohne Geschrei, ohne großartige Ankündigung, einfach nach dem Motto: Auf Wiedersehen, Jesus. Inzwischen fühlte er sich in der Gemeinde unwohl, es war einfach nichts für ihn. Mehr und mehr genoss er es, mit seinen ungläubigen Freunden zusammen zu sein und seine eigenen Ziele zu verfolgen. Es war an der Zeit, die »Mücke« zu machen. Don lebte weiterhin zu Hause und ging mit zur Gemeinde, führte aber gleichzeitig ein Doppelleben, voller Alkohol, Drogen und Vergnügungen. Bald ging er gar nicht mehr zur Gemeinde, eine Entscheidung, die seine Eltern sehr besorgt machte. Sie entschlossen sich jedoch dazu, ihn nicht damit zu konfrontieren, sondern sprachen nur gelegentlich ihre Besorgnis über seinen geistlichen Zustand aus. Obwohl seine Eltern keinen Druck auf ihn ausübten, erinnert sich Don daran, dass seine Mutter immer für ihn gebetet hatte und treu zur Gemeinde ging. Er entgegnete nichts, aber er hörte sich an, was sie zu sagen hatte, und beobachtete, was sie tat. Don ist davon überzeugt, dass die Gebete seiner Mutter ihn in schlimmen Situationen auf den Straßen von Baltimore bewahrt haben. Er erinnert sich daran, wie er in solchen Momenten zu sich selbst gesagt hatte, dass wohl jemand für ihn beten müsste.

»Ich erinnere mich an diese sanfte, leise Stimme, die mir immer wieder sagte: ›Was du tust, ist nicht richtig‹«, erzählt Don leise mit betroffenem Gesichtsausdruck. »Aber ich hörte nicht hin. Ich wollte auf die andere Stimme hören, die sagte: ›Junge, tu' was dir Spaß macht.‹ Dennoch verfolgte mich diese leise, sanfte Stimme weiter und ich wusste die ganze Zeit über, dass es Gott war. Wenn ich über die Dinge nachdenke, in welche ich verwickelt war, dann weiß ich heute, dass Gott mir gnädig gewesen ist.«

Don ging fast neun Jahre seine eigenen Wege, gab seinen Leidenschaften freien Lauf und verdrängte die leise Stimme Gottes in ihm. Das Flehen seiner Eltern, sich zusammenzureißen und wieder zum Herrn hinzuwenden, nahm er auf die leichte Schulter. Er war inzwischen sechsundzwanzig und auf dem besten Weg, auch den Rest seines Lebens ohne den Herrn zu verbringen. Dann kam es zu zwei Ereignissen, die Gott gebrauchte, um ihn aufzurütteln und zu zerbrechen. Das erste war die Begebenheit, in der er seine Tochter im Fernsehen sah, und seine unmittelbare Sorge darum, dass seine kleine Tochter vielleicht einmal wie er enden könnte. Dies war ein Gedanke, den er nicht ertragen konnte, und dies war der Auslöser für seine Rückkehr zu Gott. Er verließ die Frau, mit der er zusammenlebte, machte seine frühere Freundin, die Mutter seiner Tochter, ausfindig und heiratete sie. Geistlich gesehen hatte sich noch nicht viel geändert, aber zumindest setzte er seinen Entschluss um, eine positive Rolle im Leben seiner Tochter zu spielen.

Dann kam das zweite Ereignis, welches ihm auf seinem Weg Einhalt gebot: Sein Bruder starb an Lymphdrüsenkrebs. Seine Mutter rief ihn aus dem Krankenhaus an und bat ihn zu kommen, weil sein Bruder die Nacht nicht überleben würde. Don hatte ihn schon vorher besucht, war aber schnell wieder gegangen. Krankenhäuser machten ihn nervös und unruhig. Don Coad wollte sich nicht mit der Endlichkeit des Lebens beschäftigen.

Nachdem seine Mutter ihn mehrfach angerufen hatte, ging er zurück ins Krankenhaus, doch nicht, ohne sich vorher Mut angetrunken zu haben. Nachdem sein Bruder einige Stunden später verstorben war, verließ Don benommen das Krankenhaus, tief erschüttert über das, was er gesehen hatte. Er irrte ziellos durch die kalten, verregneten Straßen von Baltimore und versuchte, mit hochprozentigem Alkohol und Drogenkonsum sich bis zur Bewusstlosigkeit zu betrinken, um den Tod seines Bruders und seine eigene emotionale und geistliche Aufgewühltheit zu vergessen.

Zu seinem Erstaunen und Entsetzen wirkten der Alkohol und die Drogen nicht. Er wurde nicht betrunken, er wurde nicht bewusstlos. Sein Körper gehorchte nicht, sein Verstand war so wach und klar wie niemals zuvor und konnte der schrecklichen Realität des Todes nicht entfliehen. Das Geschöpf konnte sich der Macht des Schöpfers in dieser Nacht nicht entziehen. Don Coad sollte bald ins Vaterhaus zurückkehren.

»Ich musste immer wieder an meinen Bruder und sein treues Leben als Christ denken«, sagte Don. »Immer wieder kam mir der gleiche Gedanke: Was machst du mit deinem Leben? Ich wusste, dass dies die Stimme Gottes war und dass Gott mir die Augen zu öffnen versuchte. Es war an der Zeit eine Entscheidung zu treffen.«

Als der Morgen grau und bewölkt anbrach, war Don Coad

ein neuer Mensch. Er war in dieser Nacht, als er mit sich selbst und dem lebendigen Gott gerungen hatte, an dem Wendepunkt seines Lebens angekommen und hatte sich entschieden. Von nun an wollte er Jesus Christus und dem Weg des Kreuzes folgen. »In dieser Nacht«, sagte Don mit einem Lächeln, »betete ich: ›Herr, was immer du von mir willst, werde ich tun.‹«

Ein kleines Mädchen hatte alles in Bewegung gesetzt. Sie hatte nichts gesagt und nichts getan. Sie war einfach auf dem Bildschirm zusammen mit ihrer Mutter und beide wussten nichts davon, was im Herzen eines Mannes viele Kilometer entfernt geschah. Die Liebe eines Vaters gegenüber seiner Tochter, die er kaum kannte, war der Schlüssel, den der Heilige Geist benutzte, um Don Coad zu erreichen. Er durchdrang seine Abwehrhaltung gegenüber Gott und führte ihn aus einem fernen Land zurück nach Hause.

Vom Glauben abgeirrte Erwachsene tun meist alles Menschenmögliche, um nicht mit Gott konfrontiert zu werden. Sie gehen nicht mehr zur Gemeinde, lesen nicht in der Bibel und weigern sich, über geistliche Dinge zu sprechen. Wenn sie aber Kinder haben, ist Gott ihnen näher, als ihnen bewusst ist. Diese Kinder werden zu Geheimagenten Gottes, die am gleichen Tisch mit ihren geistlich rebellischen Eltern sitzen, mit ihnen spielen, lachen und weinen.

Irgendwann wird Gott vielleicht diese Kinder als seine Pfeile benutzen, um das verhärtete Herz der Eltern zu treffen und ihr Leben für immer zu verändern.

KAPITEL 6

Sensible Seelen

Welche Menschen stehen am ehesten in der Gefahr, vom Glauben abzuirren? Wie würden wir folgende vier Personenprofile einstufen? Wer von ihnen ist wohl am gefährdetsten und wer ist am wenigsten in der Gefahr?

1. eine Frau, die in einer freien Gemeinde aufwuchs und an der Universität im Fach Physik promovierte,
2. ein Realschullehrer einer Baptistengemeinde, der Geschichte und Sport unterrichtet,
3. ein Künstler, der in einer fundamentalistischen Gemeinde aufwuchs und im Besitz einer Saisonkarte für Ballettveranstaltungen ist,
4. der Besitzer einer Tankstelle, der nur unregelmäßig zur Gemeinde kommt, weil er aus Kostenersparnis lieber selbst Sonntags arbeitet, anstatt eine Aushilfe einzustellen.

Ist es überhaupt möglich, diese Menschen auf irgendeine Weise einzuordnen? Eine solche Umfrage ist noch nie durchgeführt worden und wird es wahrscheinlich auch nie werden. Dennoch wüsste ich, wen ich ganz oben auf meine Liste setzen würde und habe gute Gründe dafür. Der Künstler, welcher aus fundamentalistischem Gemeindehintergrund kommt, ist wie eine Art Zeitbombe. Mit großer Wahrscheinlichkeit hat fast jeder, der ein künstlerisches Interesse oder eine Begabung in dieser Richtung hat, sei es ein Maler, Musiker, Dichter, Tänzer oder Bildhauer, irgendwann in seinem Leben Glaubenskämpfe durchgemacht, wenn er in einer evangelikalen Gemeinde aufgewachsen ist.

Warum? Weil die evangelikalen Gemeinden über die Jahre hinweg der Kunst nicht sehr positiv gegenüberstanden. Obwohl sich diese Haltung in letzter Zeit etwas geändert hat, wurden in der Vergangenheit die Künste in evangelikalen und fundamentalistischen Gemeinden als »weltlich« angesehen. Dementsprechend maß man ihnen wenig geistlichen Wert zu.

Gemeindeglieder wurden aufgefordert, insbesondere das Theater und Kino wegen den dort dargestellten unmoralischen Geschichten und auf Grund der bewegten Bilder selbst zu meiden. Außerdem wurde auf den unmoralischen Lebenswandel vieler Schauspieler hingewiesen. Die Zeit hat gezeigt, dass diese Haltung zum mindesten ansatzweise richtig ist. Die heutige Unterhaltungsgesellschaft und insbesondere das Vordrängen der virtuellen Realität und des Internets stellen eine der größten Gefahren für die Christenheit in der Kirchengeschichte dar.[1] Unsere Glaubensväter mögen vielleicht hinsichtlich der bildenden Künste falsch geurteilt haben oder nicht richtig informiert gewesen sein, dennoch haben sie die moralischen Gefahren, welche in den meisten Filmen, Fernsehsendungen und Videos zu finden sind, richtig erkannt.

Doch selbst klassische Musik und Kunst, welche einen unbestreitbaren sozialen und kulturellen Wert haben, werden von vielen bibeltreuen Gemeinden mit großem Misstrauen gesehen. Und so ist der ballettliebende Künstler mit fundamentalistischem Gemeindehintergrund von vornherein in Schwierigkeiten. Instinktiv liebt er Musik, Dichtkunst und Natur, während seine Gemeinde traditionelle Lehre, Logik und rationales Denken hochhält. Obwohl er es versucht, entspricht er nie ganz der Norm. Warum sehnt er sich nach einem Glauben, der Liebe, Barmherzigkeit und Mitgefühl betont, wenn die anderen Gemeindeglieder Fakten, Antworten und Beurteilungen erwarten? Leider kann weder er noch irgendein anderer in der Gemeinde diese Frage beantworten oder den Konflikt verstehen, welcher in seinem Innersten tobt. Die Antwort ist einfacher als man annehmen mag: Er wurde so geboren. Er kam mit einem sensiblem Geist auf die Welt, welcher sich nach Liebe und Güte sehnt, schöne Dinge bemerkt und starke Emotionen hat. All dies sind Begabungen, die der allmächtige Gott ihm gegeben hat. Sie machen ihn zu einer Persönlichkeit und geben ihm eine grundsätzliche Lebensausrichtung, noch bevor er den ersten Atemzug getan hat.

Doch das Problem ist nicht nur einseitig. Auch die Gemeinde, in welcher dieser Mann aufgewachsen ist, trägt gewisse Wesenszüge in sich. Sie wurde von Menschen ins Leben gerufen, die sich nach klaren Antworten und nach einer eindeutigen Zielsetzung sehnten. So wuchs diese Gemeinde auf, geborgen in der konservativen Lehre und kulturellen Traditionen des religiösen Fundamentalismus.

Als Reaktion auf die liberale Theologie zum Ende des 19. Jahrhunderts entstand diese Bewegung in Amerika, die zu den geistlichen Wurzeln des Christentums zurückkehren wollte. Sie bildete damit einen von vielen erneuernden geistlichen Impulsen in der Kirchengeschichte seit der Reformation im 16. Jahrhundert. Wie ihre geistlichen Vorgänger, suchten die frühen Fundamentalisten nach lehrmäßiger Reinheit und der völligen Autorität der Heiligen Schrift. Für diese geistlich aufrichtigen Männer und Frauen drückte sich wahrer Glaube in reiner Lehre, schlichter Anbetung und völligem Gehorsam gegenüber dem Wort Gottes aus.

Trotz ihrer emotionsgeladenen Bekehrungsaufrufe war der Fundamentalismus grundlegend von einem nüchternen Glauben gekennzeichnet, der Emotionen sehr skeptisch gegenüberstand. Zugegeben, die persönliche Entscheidung zur Errettung war oft eine emotionale Erfahrung, doch im christlichen Leben ging es mehr darum, richtig zu denken als richtig zu fühlen. Man war sich seiner Errettung sicher, weil man sich auf biblische Wahrheiten berief, anstatt sich errettet zu fühlen.

Heute ist diese Bewegung über 100 Jahre alt. Trotz dieser großen Zeitspanne bilden ihre Glaubensgrundlagen für die meisten Gemeindeglieder fundamentalistischer bzw. evangelikaler Prägung[2] nach wie vor einen festen Halt und Trost. Aber für diejenigen, die stark emotional veranlagt sind, ist eine solche Betonung des nüchternen Glaubens besonders schwer zu akzeptieren. Warum? Weil dieser Glaubensschwerpunkt eine Realität in ihnen ablehnt, die sie nicht verleugnen können, ohne sich selbst zu zerstören. Und so driften diese Menschen ab oder steigen aus, um nicht emotional und geistlich zugrunde zu gehen. Die einzige andere Alternative wäre, sich innerlich zu zerreißen und das Gemeindespiel einfach mitzuspielen, um den äußeren Frieden zu halten. Sicherlich keine empfehlenswerte Alternative.

Künstlerisch begabte Menschen, die den christlichen Glauben verlassen! Kennen wir solche Leute? Mit Sicherheit, auch wenn es uns nicht immer auf den ersten Blick bewusst wird. Es sind diejenigen, die eine andere Lebenseinstellung haben, die durch extravagante Haarschnitte oder Kleidung auffallen, einen merkwürdigen Einrichtungsgeschmack haben oder sonderbare Musik hören. Sie sind eben anders.

Haben wir solche hochbegabten Kinder zu Hause? Dann sollten wir uns von Folgendem ermutigen lassen. Diese Menschen, die so in der Gefahr stehen, von einem Glauben abzuirren, zu dem sie keine Beziehung finden, kehren dennoch mit großer Wahrscheinlichkeit auf ihren Weg mit Gott zurück. Wenn die Liebe des Schönen, die Sehnsucht nach Güte und Barmherzigkeit und das Bedürfnis, ihre tiefsten Gefühle auszudrücken, in ihrem Wesen verankert ist, dann liegt auch ihre größte Hoffnung auf wahrer Erfüllung darin, dass der liebende Schöpfergott diese Sehnsüchte in ihnen stillen kann.

Wir haben einen Gott, der Gefallen an unübertrefflicher Schönheit und Kunst hat. Denken wir an den strahlenden Sternenhimmel in einer klaren Nacht, an einen atemberaubenden Sonnenuntergang am Meer und an den wunderbaren, farbenfrohen Frühlingsanblick! Betrachten wir einmal den von Gott geschaffenen menschlichen Körper mit all seinen Einzelheiten und Funktionen. Dies ist ein Gott, über den König David in Psalm 107,9 sagt, dass er die dürstende Seele sättigt, ein Gott mit übermäßigem Verständnis und

Mitgefühl für solche sensiblen, künstlerisch begabten Seelen.

Ich möchte dieses Kapitel mit einigen Anregungen schließen, wie wir unseren eigenen Kindern helfen können, wenn sie
in diese Kategorie fallen sollten und Glaubenskämpfe durchleiden. Ich hoffe, dass diese Gedanken dabei helfen werden,
sie oder ihn mit der Liebe Gottes einzuholen. Der erste Schritt
dazu liegt darin, dass wir ihnen erlauben, sie selbst zu sein.
Gestatten wir ihnen, die Persönlichkeiten zu sein, die Gott sie
sein lassen will. Dies bedeutet, dass wir ihre Persönlichkeit,
ihre Interessen und ihren Geschmack respektieren, auch wenn
uns dies eine gehörige Portion Barmherzigkeit und Geduld
abverlangen mag.

Können wir vielleicht nicht auch über das reine Akzeptieren
hinausgehen und sie vielleicht in ihren speziellen Interessen
unterstützen? Reden wir doch mit ihnen über die Kunst, Musik
oder Poesie, welche sie so bewegt. Vielleicht können wir uns
auch selbst Wissen über ihre Lieblingsthemen anlesen, um
verstehen und mitreden zu können. Wir erzeugen dadurch eine
entspannte Atmosphäre und bewirken wiederum, dass unsere
Kinder sich uns und dem Glauben, der uns so wichtig ist,
gegenüber öffnen.

Andersartige Jugendliche unterscheiden sich gar nicht so
sehr von ihren Altersgenossen, wenn man einmal von ihrem
auffälligen Äußeren absieht und wirklich auf eine persönliche
Ebene mit ihnen kommt. Als meine Frau und ich Mitte der 80er
Jahre London besuchten, waren wir überrascht von den vielen
schrill gekleideten Jugendlichen mit extravaganten Frisuren,
die wir auf der Straße sahen. Als wir in einem Bahnhof auf
unseren Zug warteten, saßen einige dieser Jugendlichen auf
einer Bank und ich entschloss mich, ein Foto von ihnen zu

machen. Ich wollte mich jedoch nicht einfach vor sie stellen und sie photographieren wie die Affen im Zoo. Deshalb ging ich zu ihnen und fragte sie, ob es ihnen etwas ausmachte, wenn ich ein Foto von ihnen machen würde.

Sie stimmten zu und schienen von meinem Interesse angetan. Innerhalb kürzester Zeit befand ich mich mitten in einer angeregten Unterhaltung mit diesen Jugendlichen, die so normal zu sein schienen wie die Kinder von nebenan. Bald fielen mir die verrückte Kleidung und die wilden, bunten Haare gar nicht mehr auf, als ich in die Augen dieser einsamen, sozial ausgestoßenen Jugendlichen blickte, die sich nichts mehr wünschten, als mit jemandem zu reden, der sich für sie interessierte.

Unsere Kinder, die wir so sehr lieben, aber gleichzeitig so wenig verstehen können, wünschen sich den Austausch mit uns als Eltern. Zeigen wir ihnen, dass wir an ihnen und ihren Interessen Anteil nehmen! Sie sind nicht anders als andere Menschen. In ihrem Herzen sehnen sich unsere Kinder nach unserer Liebe und Anerkennung, ganz unabhängig davon, wie sehr sie sich in ihrer Persönlichkeit oder ihrem Lebensstil von uns unterscheiden.

Das vielleicht Wichtigste, was wir für diese sensiblen Seelen tun können, ist, uns ihnen gegenüber emotional zu öffnen. Das mag für Eltern, die in einer Generation aufgewachsen sind, in der man seine Gefühle nicht zeigte, äußerst schwierig sein. Ich spreche aus eigener Erfahrung, denn obwohl mir die Wichtigkeit dieses Themas bewusst ist, fällt es mir persönlich immer noch sehr schwer, über meine Gefühle zu sprechen. Wir müssen lernen, innerlich aufrichtig zu sein, damit wir nach außen offen und ehrlich sein können, besonders unseren Familien und

Kindern gegenüber. Wir müssen Menschen sein, die echt sind und keine Angst haben, in den Spiegel zu schauen, um ihr wahres Ich zu sehen. Wir müssen das annehmen, was wir sehen, und dann in dem Wissen ruhen, dass wir von Gott dem Vater angenommen und geliebt sind. Wir dürfen so zu ihm kommen, wie wir sind.

Doch das Wichtigste ist, dass wir unsere Kinder bedingungslos lieben. Diese Liebe steht ihnen als Geburtsrecht zu. Sie müssen sie sich nicht erst verdienen, indem sie sich so kleiden oder verhalten, wie wir es von ihnen erwarten. Oft üben wir unbewussten Druck auf unsere Kinder aus, unseren Lebensstil zu übernehmen, indem wir ihnen erst dann Anerkennung und Liebe zeigen, wenn sie genauso aussehen, handeln und denken, wie wir es von ihnen erwarten. Doch wenn Gott uns trotz unseres eigenen Versagens und unserer Sünde liebt und annimmt, warum können wir nicht das Gleiche für unsere Kinder tun?

Selbst wenn unsere Kinder einen offensichtlich sündigen Lebenswandel führen, der uns das Herz bricht, müssen wir sie dennoch so lieben, wie Christus uns liebt. Das heißt nicht, dass wir ihre Sünde gut heißen sollen, sondern wir sollen sie einfach nur lieben. Dabei dürfen wir sicher sein, dass unsere Kinder sehr genau wissen, was wir über ihren sündigen Lebenswandel empfinden. Sie sind sich hingegen nicht so sicher, ob wir sie wirklich lieben. Die Liebe ist das größte Gefühl des Lebens. Sie steht über der Lehre, über Bekenntnissen, Glaubenssystemen, Traditionen, Worten und Predigten. All diese Dinge sind sicherlich wichtig und untrennbar mit wahrem Christsein verbunden. Um richtig zu denken und zu handeln, müssen wir die Wahrheit zunächst einmal kennen.

Deshalb ist die Liebe ein Bestandteil des Glaubens, aber sie soll vor allem den Vorrang haben.

Der Apostel Johannes sagt uns einfach, dass Gott Liebe ist. Auch der Apostel Paulus erkannte dies, als er diese eindrücklichen, wunderbaren Worte an die intellektuell geprägten griechischen Christen in Korinth schrieb. Am Ende, so sagt er, bleiben nur drei Dinge: Glaube, Hoffnung und Liebe. Die Größte unter ihnen, sagt Paulus ohne Einschränkung, ist die Liebe. Wenn wir unsere sensiblen Kinder in Glaubenskrisen bedingungslos lieben, wird dies mehr zu ihrer geistlichen Heimkehr beitragen, als irgendetwas anderes.

KAPITEL 7

Der Schmerz der Seele

Haben wir als Kind jemals mit einem Freund etwas getauscht oder ihm geschenkt und es dann nach einigen Tagen wieder zurückgefordert? Diese Handlungsweise findet man in allen Kulturkreisen. Erst wenn wir etwas für uns Wertvolles weggeben oder verlieren, wird uns bewusst, was uns fehlt, und wir wollen es zurückhaben. Ich musste diese Lektion während meiner Bibelschulzeit in den 60er Jahren lernen, als ich eine Freundschaft mit einem jungen Mädchen begann. Sie war von einem meiner Klassenkameraden nach längerer Freundschaft fallen gelassen worden. Ich hatte dieses Mädchen schon eine ganze Weile bemerkt. Sie war hübsch, attraktiv und freundlich, doch leider auch vergeben. Dann sprach sich plötzlich wie ein Lauffeuer herum, dass sie wieder zu haben sei. Ich wartete nicht darauf, dass mir irgendein anderer zuvorkommen könnte, sondern griff sofort zum Telefon und verabredete mich mit ihr. Wir verbrachten einen schönen Abend und ich wunderte mich, wie töricht mein

Klassenkamerad gewesen sein musste, um ein solch entzük-
kendes junges Mädchen aufzugeben. Wir trafen uns noch ein
oder zwei Mal und als ich sie anrief, um ein weiteres Treffen
zu vereinbaren, bekam ich eine Absage.

»Stimmt etwas nicht?«, fragte ich unschuldig. »Nein, nein«,
sagte sie einfach, »ich bin nur verlobt.«

Zuerst war ich sprachlos, dann beschämt und schließlich
zornig. Mir war klar, dass diese Verlobungsgeschichte bereits
in aller Munde war und ich wahrscheinlich der Einzige, der
davon noch nichts wusste. Wer wollte seinen Freunden schon
solche Neuigkeiten erzählen, besonders unter diesen Umständen. Ich konnte die Leute förmlich tuscheln hören (oder war
dies nur mein Stolz?).

Mein Klassenkamerad hatte sein Verhalten bereut. Ihre
Abwesenheit hatte eine große Leere in seinem Leben hervorgerufen. Und als er sah, dass ich die Initiative ergriff, wusste
er, dass er sie zurückhaben wollte - für immer. Kurz nach
Absolvierung der Schule heirateten sie und sind bis heute noch
ein glückliches Paar, das aktiv in der christlichen Arbeit steht.
Offensichtlich hatte ich den beiden trotz meiner vorüberge-
henden Enttäuschung und Beschämung einen guten Dienst
erwiesen.

Auch Abgeirrte wollen oft zu dem zurück, was sie einst aufgegeben haben. Wenn sie vom christlichen Glauben abdriften
oder ihn willentlich ablehnen, glauben sie damit letztendlich
das erreicht zu haben, was sie schon immer wollten: die Freiheit
so zu leben, wie es ihnen gefällt, zu denken, zu entscheiden
und zu handeln, ohne dabei Gott oder Glaubens- und Familien-
regeln zu beachten. Sie lassen sich ganz bewusst auf diesen
Handel ein.

Doch die harte Realität eines Lebens ohne Christus und die Gemeinschaft mit Gläubigen sind gewöhnlich sehr unterschiedlichen Charakters. Es mag sein, dass die Abgeirrten zunächst Befreiung und Freude empfinden, aber dies hält nicht an. Seinen Lebensweg ohne den Herrn zu gehen, ist nicht so unbeschwerlich, wie es uns Satan weismachen möchte.

David Krüger hat dies selbst erfahren müssen. David ist der Vorsitzende eines Missionswerkes, welches das Evangelium unter Geschäftsleuten zu verbreiten sucht. Er gehört zu den wenigen Christen, denen Evangelisieren leicht fällt. Man braucht ihn nur auf dieses Thema anzusprechen und sofort quillt sein Herz über.

Man würde niemals auf die Idee kommen, dass für Dave fünf Jahre seines Lebens im Alter zwischen 18 und 23 Jahren Evangelisation das Letzte gewesen wäre, woran David Krüger einen Gedanken verschwendet hätte. Während dieser Zeit war er nur damit beschäftigt, sein eigenes Leben zu leben und seine Wünsche zu befriedigen. Gemeinde war etwas, worüber er gar nicht nachdachte, genauso wenig wie die Dogmen und Bibelverse aus seiner Zeit in der bibeltreuen Gemeinde, in welcher er aufgewachsen war.

Seine Geschichte ist klassisch für einen vom Glauben Abgeirrten, dem es eigentlich an nichts gemangelt hatte: liebende, betende Eltern, eine ausgewogene bibeltreue Gemeinde und gute christliche Vorbilder in seiner Jugend. Doch in seinen Teenagerjahren begann sein geistliches Interesse langsam nachzulassen, bis er sich schließlich in seiner Studienzeit völlig vom Glauben abwandte.

Ich würde David als ein Musterbeispiel des langsamen Abdriftens bezeichnen. Er lehnte sich weder gegen sein

Elternhaus noch gegen den Glauben auf, noch sprach er jemals über seine Zweifel und Enttäuschung. Er geriet nicht mit dem Gesetz in Konflikt und entwickelte sich auch nicht zu einem Rebell, der seinen verworfenen Glauben verspottet. Seine Abwendung war eher schleichender Art, so wie er es selbst beschreibt.

Denn in seinem Herzen war er bereits vor Jahren weggegangen. Um nicht aufzufallen, spielte er nach außen hin weiter mit und führte ein Doppelleben, obwohl er wusste, dass andere und seine Eltern ihn schon lange durchschaut hatten. Und obwohl ihn aufrichtiges Christsein nicht mehr berührte, spulte er äußerlich immer noch das Programm ab und spielte in seiner Heimatgemeinde sogar Klavier. Auch nachdem er das Studium abgeschlossen und eine ungläubige Frau geheiratet hatte, hielt er weiterhin an dieser Fassade fest.

Das Interessante an Davids Geschichte ist, dass sie vier der fünf Elemente beinhaltet, warum Menschen, die den Glauben verlassen, wieder zurückkehren: eine Anteil nehmende Schlüsselperson, ein unlösbar scheinendes Problem; eine tiefe gefühlsmäßige und geistliche Leere und ein unerwartetes, lebenseinschneidendes Ereignis. Der fünfte Grund, die Sorge um das geistliche Wohl der eigenen Kinder traf auf ihn nicht zu, weil er zu diesem Zeitpunkt noch keine Kinder hatte.

Meiner Ansicht nach war die zunehmende Leere in Davids Leben der Schlüssel zu seiner Rückkehr. Er erinnerte sich daran, wie sein Leben ausgesehen hatte, bevor er den kostbaren Besitz eines sinnerfüllten christlichen Lebens gegen einige aufregende Erfahrungen eintauschte, die nur von kurzer Dauer waren. Auch wenn er es nie zugegeben hätte, so verstand er doch den Wert der Reichtümer, welche er aufgegeben hatte.

Er hatte dies im Leben seiner Eltern gesehen, die ihm ein hingegebenes Leben als Christen vorgelebt hatten und auch in seiner Krise weiterhin vorlebten.

Letztendlich war es die liebende Fürsorge seiner Eltern, die den Weg für seine Umkehr bereitete. Ihre bedingungslose Liebe ergriff nicht nur David, sondern auch seine Frau und half ihr, Gottes Liebe zu verstehen und schließlich auch sein Geschenk der Gnade anzunehmen. Wir sollten die Rolle der Eltern bei der Umkehr eines Abgeirrten nicht unterschätzen.

Es war David, der den Ausdruck »der Schmerz der Seele« für mich geprägt hat. In dem Augenblick, wo er ihn aussprach, wusste ich, dass er eine passende Umschreibung für »innere Leere« ist, welche ich ja als einer der Hauptgründe für die Rückkehr von Abgeirrten angeführt habe. Es traf genau den Punkt. Er ist etwas viel schlimmeres als Zahnschmerz oder Kopfschmerz: ein Schmerz der Seele.

Ganz gleich, wie sich unsere umherirrenden Kinder verhalten und was sie sagen, ganz unabhängig davon, wie glatt und zufrieden ihr Leben nach außen hin auch zu verlaufen scheint, tief in ihrem Inneren ist eine immer größer werdende Leere. Dies kann gar nicht anders sein, denn wahre Ausgeglichenheit und Lebenssinn findet man nur in einer lebendigen Beziehung mit Jesus Christus und im Gehorsam gegenüber seinen Geboten. Nichts anderes kann den Schmerz der Seele heilen.

Die Geschichte von David Krüger zeigt uns dies. Lassen wir ihn seine Geschichte selbst erzählen.

»Ich wuchs in einer sehr bibeltreuen Gemeinde auf«, sagt David mit nachdenklichem Gesichtsausdruck. »Wir waren sechs Kinder in unserer Familie. Meine Eltern waren sehr aktiv in der Gemeinde, mein Vater war Diakon, Sonntagsschulleiter und sang im Chor. Auch meine Mutter arbeitete in der Sonntagsschule mit.

Die Gemeinde war nur ein paar Straßenecken von zu Hause entfernt und gehörte als fester Bestandteil zu unserem Familienleben. So wuchs ich in diesem Umfeld auf und war selbst sehr aktiv in der Gemeinde: Sommerlager, Jugendstunden, Chor und vieles mehr. Es war in Ordnung, aber andererseits auch ziemlich gesetzlich: Es stand fest, was man anziehen durfte, wohin man ging und was man tat.

Während meiner Teenagerzeit kam es jedoch zu keiner äußerlichen Auflehnung in mir, wenngleich etwas in mir vorging, wogegen ich nicht ankämpfte. Ich war wie eine geteilte Persönlichkeit. Mein Lebensziel und meine Erfüllung während meiner Schulzeit war der Sport. Ich lebte nur für den Sport. In zwei Disziplinen erreichte ich herausragende Leistungen und wurde von den anderen Schülern zum »Sportler des Jahres« gewählt. Und so lag meine wahre Identität im Sport, was es für mich einfacher machte, den anderen Teil meines Lebens zu erdulden.

Meine Klassenkameraden dachten halt: ›Ja, ja, der Krüger geht zur Kirche, weil seine Eltern ihn drängen. Nichts Besonderes.‹ Es kam mir damals nie in den Sinn, dass ich meine sportlichen Erfolge hätte nützen können, um mit Freunden über den Herrn ins Gespräch zu kommen. Wahrscheinlich war dies so, weil mir dieser Teil meines Lebens zu dem Zeitpunkt nicht sonderlich wichtig erschien. Auch wollte ich meinen Ruf als Sportler in der Schule unter keinen Umständen aufs Spiel setzen.

Als ich meinen Schulabschluss gemacht hatte, erhielt ich

ein Sport-Stipendium einer führenden Universität. Ich dachte: ›Jawohl, das ist es!‹ Sport war mir wichtiger als alles andere im Leben. So zog ich von zu Hause weg und kam ins Sportlerteam dieser Universität. Ich hatte meinen Glauben und meine geistliche Herkunft noch immer nicht völlig verlassen, doch ich driftete weiter ab.«

Bis zu diesem Punkt hatte David in dem Interview gelassen erzählt und die Worte sprudelten nur so aus ihm hervor. Doch jetzt hielt er für einen Moment inne und es zeigte sich ein kurzer, schmerzlicher Ausdruck auf seinem Gesicht. Dann begann er, von seiner wahren Abwendung gegenüber dem christlichen Glauben zu sprechen.

»Die erste große Enttäuschung kam, als ich nicht in die Stammmannschaft des Baseballteams aufgenommen wurde und mein Stipendium verlor. Dies war ein schwerer Schlag für mich. Ich hatte alles auf diese eine Karte gesetzt und verloren.

Ich war maßlos enttäuscht, so dass mir einige grundlegende Lebensfragen durch den Kopf gingen. Zu dieser Zeit entwickelte ich meine eigene Lebensmentalität: Iss, trink und sei fröhlich! Meiner Ansicht nach gab es nicht viel mehr, für das es sich zu leben lohnte. Ich sagte mir: ›Dein ganzes Leben hast du immer das Richtige getan und das ist jetzt der Lohn dafür?‹

Ich bin nicht stolz darauf, sagen zu müssen, dass ich heftig zu trinken begann und in die Partyszene abglitt. Dies war unter den Studenten damals der Trend und ich ließ mich einfach von dieser Strömung mitreißen. Ich kann mich nicht erinnern, dass ich jemals zornig auf Gott gewesen wäre, sondern ich driftete einfach ab.

Ich verlor mein Interesse am Studium und hatte so schlechte Noten, dass ich meine Freistellung verlor und zum Wehrdienst eingezogen wurde. So kam ich zu meiner Kampfeinheit und wurde schließlich ausbildender Unteroffizier. Meine neue Identität gefiel mir gut: polierte Stiefel, eine schicke Uniform und vor allem Autorität und Macht. Ich konnte in die Baracken gehen, die Mannschaft mit einem Fingerschnipp antreten und 50 Liegestütze machen lassen. Wenn ich heute zurückblicke, war es wirklich nicht mehr als die vergebliche Suche nach irgendeiner Identität und einem Lebenssinn.

Inzwischen hatte ich einen Punkt in meinem Leben erreicht, an dem ich begann, die Leere zu spüren. Ich war Anfang 20, hatte im Sport versagt, war von der Universität geflogen und wurde langsam meiner militärischen Machtanwandlungen überdrüssig. Ich fragte mich, welchen Sinn all dies überhaupt haben sollte. Manchmal lag ich nachts im Bett und mich überkam ein Gefühl, welches ich kaum beschreiben kann. Ich nenne es den Schmerz der Seele.

Dann traf ich Roxy. Sie war gerade in meine Heimatstadt gezogen. Ich traf sie an einer Imbissstube und war sofort beeindruckt. Sie hatte einen völlig anderen religiösen Hintergrund mit grundlegend verschiedenen Ansichten. Merkwürdigerweise stritten wir uns in unserer Freundschaft mehr über religiöse Fragen als über irgendein anderes Thema. Ich hatte mich von meinen religiösen Wurzeln gelöst, hielt aber immer noch an einigen Überzeugungen fest.

Ich heiratete Roxy und die ersten beiden Jahre unserer Ehe waren sehr schwierig. Wir stellten uns beide die Frage, ob es falsch gewesen war, zu heiraten. Unsere Ehe hätte wohl nicht überlebt, wenn der Herr nicht eingegriffen hätte. Heute ist mir klar, dass ich das von Gott geschaffene Vakuum in mir durch die Beziehung mit diesem hübschen und begehrenswerten

Mädchen zu füllen versuchte. Sie war damals 19 und ich 22, beide Kinder, die für eine Ehe noch gar nicht reif waren.

Wir lebten in meiner Heimatstadt nicht weit von dort, wo ich aufgewachsen war. Beide waren wir berufstätig und da wir keine Kinder hatten, konnten wir einen gehobenen Lebensstil führen und uns jeden Luxus leisten. Dennoch waren wir zwei unglückliche junge Leute.

»Das Merkwürdige ist«, sagt David mit einem leichten Lächeln, als ob er nun den guten Teil der Geschichte erzählen möchte, »dass wir uns entschieden, in meine alte Gemeinde zu gehen. Ich erklärte mich sogar bereit, Klavier zu spielen und in der Sonntagsschule zu unterrichten. Aber es gab Spannungen zwischen uns. Schließlich gingen wir zusammen zur Gemeinde, obwohl meine Frau noch nicht gläubig war, und ich selbst kämpfte mit meinem heuchlerischen Leben.

Erstaunlicherweise begann Gott, mich zu ihm zurückzuziehen. Dieser Prozess wurde durch einen Mann in unserer Gemeinde ausgelöst, der mich sehr beeinflusste. Seine Liebe für den Herrn war förmlich spürbar und ging über das rein Intellektuelle hinaus. Er war ein älterer, einfacher und ungebildeter Mensch, ohne irgendeine theologische Ausbildung. Er spielte gerne Gitarre und sang, und ich fühlte mich zu ihm hingezogen. Ich dachte: ›Vielleicht ist es das, was ich suche.‹

Irgendetwas geschah mit mir. Ich wohnte wieder in meiner Heimatstadt, hatte immer noch das gleiche Umfeld und versuchte weiterhin, es meinen Eltern recht zu machen. Und zu diesem Zeitpunkt tritt dieser bemerkenswerte Mann in mein Leben, nicht nur in meines, sondern auch in das Leben meiner Frau. Er sollte noch entscheidenden Einfluss auf die Bekehrung meiner Frau haben.

Dieser Mensch war für mich das lebendige Beispiel für das, was ich mir immer unter echtem Christsein vorgestellt hatte. Er lachte gerne und schien ein Gespür für die schönen Dinge des Lebens zu haben. Doch was mir besonders gefiel, war, dass er das christliche Leben nicht in eine Vielzahl von Regeln und Gesetzen zwängte. Irgendwie fühlte ich mich innerlich mit diesem Mann verbunden.«

Das Leben von David war nun an einen Punkt gekommen, wo Gott wirklich seine Aufmerksamkeit erlangt hatte. In seiner Suche nach Erfüllung entschloss David sich, einen Pilotenschein zu machen. Technisch gesehen ist ein Flugzeug eine Maschine mit Flügeln und einem Motor, mit dem man sich in der Luft fortbewegen kann. Doch für den Schmerz in Davids Seele schien das Fliegen einen Fluchtweg aus der Monotonie des täglichen Lebens zu bieten. Er konnte nicht ahnen, dass seine Sehnsucht nach Freiheit in diesem Gefährt ihn mit der Ewigkeit konfrontieren und sein Leben für immer verändern würde.

»Eines Nachmittags stieg ich zu einem Rundflug in das Flugzeug meines Vaters. Ich war einige Stunden in der Luft und befand mich auf dem Rückflug zum Sportflughafen. Es war ein wunderschöner Abend. Ich bereitete mich gerade auf die Landung vor, als ich plötzlich mit großem Lärm auf den Boden aufschlug. Ich hatte vergessen, das Fahrgestell auszufahren! Das Flugzeug rutschte unter Funkensprühen einige hundert Meter die Landebahn entlang. Vor meinen Augen spulte sich mein gesamtes Leben ab, genau wie man dies oft in Geschichten hört.

Als das Flugzeug endlich zum Stillstand kam, kroch ich aus der Kabine heraus und starrte auf das Wrack. Ich erinnere mich daran, wie ich unter Tränen zum Himmel hinaufschaute und Gott sagte: ›Ich kann so nicht mehr weiterleben. Ich kann einfach nicht mehr. Ich weiß nicht, was du von mir möchtest und wohin ich gehen soll. Aber von nun an sollst du über mein Leben bestimmen.‹ Dies war das einschneidendste Ereignis meines Lebens.

Als ich nach Hause kam, erzählte ich Roxy von dem Unfall und der eindrucksvollen Begegnung, die ich mit Gott auf der Landebahn gehabt hatte. Es hat unser beider Leben tief beeinflusst, denn dieser Unfall rüttelte auch Roxy auf. Einige Wochen später übergab sie dem Herrn Jesus ihr Leben. Ich erinnere mich sehr gut daran. Es geschah in unserer Gemeinde. Ich spielte Klavier und hörte jemanden weinen. Als ich aufsah, bemerkte ich, dass es Roxy war, die auf ihren Knien lag und in Buße ihr Herz vor dem Herrn ausschüttete. Ich war so überrascht, dass ich fast vom Klavierhocker fiel.

Roxy sagt heute, dass die wichtigsten Meilensteine zu ihrer Errettung dieser wunderbare Mann, von dem ich gesprochen habe, und meine Eltern waren. Die Treue, in der meine Eltern zu ihrem Herrn standen, hatte Roxy tief beeindruckt. Sie konnte nicht begreifen, wie sie trotz aller Schwierigkeiten, die sich in meinem und dem Leben meines ebenfalls abgeirrten Bruders (übrigens fand auch er zurück) abspielten, so ruhig bleiben konnten.

Meine Eltern gerieten nie in Panik. Ich fühlte mich immer bedingungslos von ihnen angenommen, auch wenn ich Dinge tat, von denen ich wusste, dass sie diese nicht guthießen. Meine Eltern waren für mich ein Wohlgeruch Christi. Sie lebten ihr Leben mit Gott.

Ich erinnere mich besonders an einen Abend, an dem ich

betrunken nach Hause kam. Mein Vater kam in mein Zimmer und sagte: ›Mein Sohn, lass uns auf die Knie gehen.‹ Wir knieten vor meinem Bett und er legte seinen Arm um mich, während er für mich betete. Er holte niemals seinen Gürtel hervor, um mich zu schlagen, und drohte nie damit, mich rauszuwerfen. Ich bin mir sicher, dass es Momente gegeben haben muss, in denen er mich wahrscheinlich am liebsten erwürgt hätte. Doch er war ein liebender Vater und ein treuer Freund.

Und dann war da noch meine Mutter. Ich erinnere mich daran, wie sie für mich betete. Niemals könnte ich dies vergessen. Ich kam oft spät nach Hause und versuchte, mich unbemerkt hineinzuschleichen. Wenn man durch die Hintertür in unser Haus kam, lag die Tür zu unserer Küche auf der linken und die Tür zu meinem Zimmer auf der rechten Seite. Oft öffnete ich die Haustür vorsichtig ohne Quietschen; so sah ich die Umrisse meiner Mutter, die am Küchentisch betete. Sie hatte die geöffnete Bibel auf dem Tisch liegen und ein Taschentuch in ihrer Hand.

Dieses Bild von meiner betenden Mutter ist mir ins Gedächtnis eingebrannt. Sie betete unaufhörlich für mich. Ich denke, manchmal übersehen wir die Gebete von Eltern für ihre Kinder in Glaubenskrisen. Wir dürfen die Kraft des Gebets nicht unterschätzen.«

Davids Geschichte könnte ein ganzes Buch füllen: Hoffnungen und Gebete wurden erfüllt, ein umherirrender Sohn fand den Weg zurück, eine Ehe wurde geheilt und David steht heute seit vielen Jahren im vollzeitlichen Dienst für den Herrn.

Der Ausgang ist so überwältigend, dass man den Schmerz und die Verzweiflung, welche das Leben Davids und seiner

Eltern fünf Jahre lang kennzeichneten, leicht übersehen könnte. Sie alle litten beträchtlich und die Narben bleiben. Während David mir seine Geschichte erzählte, brach er immer wieder in Tränen aus. Seinen Eltern wäre es sicherlich nicht anders ergangen, hätten sie die Geschichte erzählt. Doch alles geschah so, wie hier geschildert, und niemand ist wohl glücklicher über den Ausgang als der heimgekehrte David Krüger selbst.

Ich hatte am Anfang dieses Kapitels erwähnt, dass Davids Geschichte dem klassischen Muster folgt. Die meisten Umherirrenden kommen zurück. Und wenn auch nicht alle in einen vollzeitlichen Dienst wie David Krüger gehen, so dienen die meisten von ihnen dem Herrn doch in Liebe, Freude und echter Hingabe. Zurückgekehrte wissen, was andere nur erahnen können: Es gibt keine wahre Freude, keinen echten Frieden oder Erfüllung in einem Leben ohne Gott.

Wahre Zufriedenheit, etwas, nach dem wir alle streben, wird dann greifbar, wenn wir uns völlig Jesus Christus und seinen Zielen für unser Leben ausliefern.

KAPITEL 8

Hört mich jemand?

M enschen, die in evangelikalen Gemeinden aufwachsen, sind üblicherweise eher redegewandt.
Von frühester Kindheit an waren sie dem gespro-
chenen Wort ausgesetzt. Wir haben in unseren Gemeinden
wahrscheinlich mehr Menschen beim Reden zugehört, als
irgendeine andere gesellschaftliche Gruppierung. Dies ist so,
weil das Predigen und Lehren ein zentraler Bestandteil unseres evangelikalen Glaubens ist. Unser geistlicher Stammbaum
reicht viele Jahrhunderte zurück bis zu den großen Kirchen-
reformatoren, die darauf bestanden, dass wahres Christentum
im Predigen von Gottes Wort und nicht in der Verrichtung reli-
giöser Rituale gewurzelt ist. Wir glauben an ein verkündigen-
des Christentum. Die Männer des Glaubens sind für uns oft
großartige Prediger, wortgewaltige Evangelisten und eifrige
Missionare, die das Wort Gottes in der ganzen Welt verkün-
digen. Durch diese Vorbilder sind wir oft ohne große
Anstrengungen redegewandt.

Doch was die Evangelikalen nicht so gut können, ist das Zuhören. Auf den ersten Blick scheint dies widersprüchlich. Wenn wir durch die Sprache lernen und unseren Glauben ausdrücken, dann sollten wir doch auch gute Zuhörer sein, oder?

Die Antwort lautet sowohl ›ja‹ wie auch ›nein‹. Ja, weil wir Predigern und Lehrern eine halbe Stunde oder länger sehr aufmerksam zuhören. Dies ist eine Fähigkeit, die in unserer schnelllebigen Zeit selten geworden ist. Nein, weil es bestimmte Gebiete des Zuhörens gibt, in welchen wir nicht sehr geschult sind. Hierzu gehört das Zuhören, wenn Menschen ihre tiefsten Nöte und Sorgen zum Ausdruck bringen. Wenn uns jemand von seiner Verletztheit, seinem Zorn oder geistlicher Verzweiflung erzählt, haben wir oft taube Ohren. Wir nehmen das Gesagte zwar wahr, hören aber nicht aufmerksam genug zu, um den Erzählenden und sein Leid wirklich zu verstehen.

Der Hauptgrund für diese Taubheit ist, dass wir die Redenden sein wollen. Wir wollen unseren Standpunkt ausdrücken, Ratschläge geben und sofort unsere Bibelkenntnis zum Ausdruck bringen, besonders wenn es um geistliche Themen geht.

Ich schließe mich selbst ganz bewusst ein. Ich rede zu viel. Selbst, wenn ich mich bewusst daran erinnere, in der Öffentlichkeit, am Familientisch oder in Unterhaltungen weniger vorlaut zu sein, stellte ich hinterher fest, dass ich doch wieder vorwiegend selbst geredet habe. Aus diesem Grund übersehe ich oft, was andere wirklich sagen, denken und fühlen.

Vielleicht fragen wir uns, was all dies mit Menschen in Glaubensproblemen zu tun hat. Ganz einfach, es hat mit dem Problem des Zuhören zu tun, das die meisten Eltern (wie auch andere Christen) in Bezug auf ihre Kinder in Glaubenskrisen haben. Wir hören ihre Hilferufe, aber wir können uns nicht dazu aufraffen, einmal richtig zu überdenken, was sie wirklich damit ausdrücken, besonders wenn es um Kritik in Glaubensfragen geht. Für uns sind sie Außenseiter, Abgeirrte. Was wissen die schon über echtes Christsein?

Ein Grund, warum Eltern ihren umherirrenden Kinder nicht wirklich zuhören, ist, dass sie Angst vor dem Gesagten haben. Es könnte schmerzhaft sein und dies will man unter allen Umständen vermeiden.

Fairerweise sollte man aber sagen, dass die meisten gläubigen Eltern ihr Bestes geben. Sie mögen Fehler in ihrer Erziehung begangen haben, aber zumindest bemühen und sorgen sie sich. Dies ist weit mehr als man bei den meisten Eltern-Kind-Beziehungen in unserer Gesellschaft findet. Doch wenn unsere Kinder den Gauben verwerfen, wird das Gefühl der Schuld und des Versagens oft überwältigend. Man fragt sich, was man falsch gemacht hat. Selbstzweifel und Schuldgefühle quälen. Wenn jetzt noch Kritik aus der Gemeinde oder Familie hinzukommt, verschließt sich die Seele und man ist nicht bereit, weiter zuzuhören, weil man den nächsten Angriff befürchtet.

Ein weiter Grund, warum es vielen Eltern schwer fällt zuzuhören, ist, dass das Verlassen des Glaubens für sie schwer nachvollziehbar ist. Als sie jung waren, ist ihnen diese Möglichkeit überhaupt nicht in den Sinn gekommen. Warum wollen ihre Kinder diesen christlichen Glauben ablehnen, welcher eine solch großartige Erlösung, Gemeinschaft mit anderen Gläubigen, Trost in schwierigen Situationen und letztendlich das ewige Leben verspricht?

Dieses Ausweichen der Eltern hat auch damit zu tun, dass

in die Irre Gegangene manchmal die Dinge auf eine sehr schmerzvolle Weise sagen. Sie stellen die Bibel und christliche Überzeugungen in Frage. Sie sprechen enttäuscht über die Spielregeln der Gemeinde, reden zynisch über christliche Führer und über die Diskrepanz zwischen christlichem Reden und Handeln. Dies ist, was sie fühlen und denken, aber es fällt schwer, all dem zuzuhören. Doch wenn wir unseren Kindern wirklich helfen wollen zurückzufinden, müssen wir zuhören. Die Liebe der Eltern ist letztendlich ein Spiegelbild der Liebe Gottes. Sie zeigt unseren Kindern im Alltag, was es wirklich bedeutet, Christ zu sein. Dies ist sozusagen die Fleischwerdung des Evangeliums. Wenn wir lernen, aufmerksam auf die Hilferufe unserer Kinder zu achten, ist dies der Anfang für ihre Umkehr.

Vielleicht denkt nun jemand, dass ich damit den Eltern eine zu schwere Last auferlege. Immerhin ist es schon schwer genug, das Leid und die Sorgen zu ertragen, die man mit einem in die Irre gegangenen Kind hat, ohne sich auch noch harte und feindselige Worte anhören zu müssen. Sollten nicht vielmehr die Kinder auf ihre Eltern hören und umkehren?

Natürlich wäre das schön und vereinzelt geschieht dies auch vielleicht. Aber zuerst müssen Eltern anfangen, ihren Kindern zuzuhören. Auch die Schrift fordert uns dazu auf. In Epheser 6,4 spricht Paulus die Eltern an: »*Und ihr Väter, reizt eure Kinder nicht zum Zorn, sondern zieht sie auf in der Zucht und Ermahnung des Herrn!*« Sicherlich spricht dieser Vers von jüngeren Kindern, die noch zu Hause wohnen und der Autorität der Eltern unterstehen. Doch das Prinzip gilt für jede Eltern-Kind-Beziehung, unabhängig vom Alter, da Paulus ja auch den Begriff »Kinder Gottes« in diesem Abschnitt sowohl auf

Erwachsene wie auch Kinder bezieht.

Einige Verse zuvor, in Epheser 5,1 hebt Paulus hervor, dass die Gläubigen in Ephesus in all ihrem Tun dem Beispiel Gottes folgen sollen. Was bedeutet dieses Beispiel, wenn es um das Zuhören geht? Gott schenkt unseren Worten und Gebeten absolute Aufmerksamkeit. Er neigt sich herab, um unsere geflüsterten Bitten zu hören (Ps 32,3). Er hört selbst unser Seufzen. Der Heilige Geist, welcher uns kennt und unsere Probleme versteht, hört unsere unausgesprochenen Sorgen und wählt die richtigen Worte, um unser Leid mit den richtigen Worten Gott dem Vater mitzuteilen (Röm 8,26-27).

Wenn es um unsere Kinder geht, müssen wir genauso handeln. Wir müssen uns ihnen zuwenden, mit den Ohren des Herzens und der Seele hören und ihre Kämpfe verstehen. Wir sollten beten, dass Gott uns aufnahmebereite, hörende Ohren gibt, wenn unsere in die Irre gegangenen Kinder uns von ihren Kämpfen mit dem christlichen Glauben erzählen. Wir können den Herrn bitten, dass er uns hilft, diese schwere Last zu tragen, denn sein Joch ist leicht.

Die Folge hiervon ist erstaunlich. Gott hört uns, wir hören unsere Kinder und im Gegenzug hören uns unsere Kinder zu. Durch unser Zuhören spüren sie, dass sie auf besondere Weise geliebt werden. Sie werden anfangen, uns nachzuahmen, so wie wir Gott nachahmen. So kann die lang ersehnte geistliche Rückkehr unserer Kinder Realität werden.

Ich möchte hier aber noch etwas über das Zuhören von Kindern in Glaubenskrisen hinzufügen. Manchmal sind in die Irre gegangene Kinder nicht in der Lage, ihren Eltern und Geschwistern aus der Gemeinde in Glaubensfragen zuzuhören. Es ist ihnen zumindest in ihrem momentanen Zustand auf ihrer geistlichen Reise nicht möglich, weil ihr Gefühl und ihre geistliche Aufnahmefähigkeit ausgebrannt sind. Gewöhnlicherweise sind die gleichen Menschen zu einem späteren Zeitpunkt bereit zu hören, wenn geistliche und beziehungsmäßige Heilung in Gang geraten ist. Aber zuvor müssen wir jemand anderes finden, der mit ihnen spricht, damit sie die gute Nachricht hören und verstehen, was der Herr von ihnen möchte.

Wir sollten auch nicht besorgt sein oder uns angegriffen fühlen, wenn unsere Kinder in der Krise woanders als bei uns oder unserer Gemeinde geistliche Hilfe und Zuwendung suchen. Wenn sie woanders von reifen Geschwistern Ermutigung und weisen Ratschlag bekommen, seien wir doch dafür dankbar und warten wir geduldig! Vermeiden wir in solchen Fällen geistliche Themen und erkennen wir an, dass wir in diesem Augenblick unseren Kindern einfach nur zuhören können! Hören wir erst und reden wir dann! Suchen wir angenehme Unterhaltungen und reden wir über andere Themen als den Glauben: persönliche Dinge, Familienangelegenheiten, finanzielle Bedürfnisse, ihren Beruf oder Politik, was auch immer! Der ausschlaggebende Punkt ist, dass wir zuhören, wirklich zuhören und versuchen, sie und ihre Sorgen kennen zu lernen.

Es mag uns nicht unbedingt als der beste Weg erscheinen, unsere Kinder durch das Zuhören zu erreichen, dennoch ist es wahrscheinlich effektiver, als wenn wir ihnen sofort biblische Antworten oder tiefgründige theologische Antworten auf ihre Glaubensprobleme anbieten. Sie wissen sehr genau, dass wir über den Herrn sprechen wollen, und wir könnten wahrscheinlich selbst unsere Antworten zitieren. Wenn wir uns jedoch mit unseren Kommentaren zurückhalten und nicht ständig versuchen, das Thema auf geistliche Dinge zu lenken, bringen wir sie damit mehr ins Nachdenken, als wenn wir unsere Meinung aussprechen.

Manchmal werden wir erst durch die Glaubenskrise unserer Kinder zu guten Zuhörern. Dies ist sicherlich kein schöner Gedanke. Aber wenn wir durch den Schmerz und das Leid unseres in die Irre gegangenen Kindes lernen zu hören, sind wir um eine wertvolle Erfahrung reicher geworden.

Eudora Welty, eine bekannte amerikanische Schriftstellerin des 20. Jahrhunderts, deren Geschichten meist Beobachtungen über Menschen sind, beginnt ihre Autobiographie mit einem Kapitel, welches sie einfach »Zuhören« nennt. Darin erzählt sie vom Hören schlagender Uhren, vom Hören des Gesangs ihrer Mutter während ihrer Kindheit und vom Hören eines murmelnden Gesprächs im Nebenzimmer.

Sie spricht auch vom Hören einer inneren Stimme, wenn ihre Mutter ihr etwas vorlas oder wenn sie selbst Bücher las. Diese Stimme beeinflusste das Schreiben ihrer eigenen Bücher.[1]

Hierin liegt der Grund für ihren Erfolg als Schriftstellerin. Sie hört zu. Sie hört Menschen, das Leben und sogar sich selbst. Dann schaut sie hin und zum Schluss spricht sie. Durch das Zuhören entdeckt Eudora Welty die Verbindungen und die Beständigkeit des Lebens und versteht die Beziehungen zwischen Ursache und Wirkung, die so wichtig für das menschliche Leben sind. Ihre Geschichten mögen erfunden sein, aber ihre Worte spiegeln die Wahrheit wider.

Auch wir stellen Geschichten zusammen, mit dem Unterschied, dass diese aus wirklichen Menschen, harten Fakten und Tatsachen bestehen, die niemand leugnen kann. Doch unsere Geschichten erscheinen seltsamer als die Erfundenen, weil die Windungen des Lebens so verworren sind.

Vielleicht ist das Kapitel, das Sie gerade über Ihr abgeirrtes Kind schreiben, noch nicht ganz fertig. Wenn ja, dann ist das in Ordnung. Schließlich brauchen gute Geschichten nun mal ihre Zeit. Man kämpft mit ihnen, schreibt einige Seiten oder Absätze immer wieder um und ringt um die passenden Worte. Wenn Sie aber beim Schreiben und Zusammentragen ihres persönlichen Kapitels genau aufpassen, dann wird der schönste Aspekt folgender sein: Sie haben allen Grund anzunehmen, dass Ihre Geschichte gut ausgehen wird.

KAPITEL 9

Wenn Sorgen uns zur Hilfe eilen

Kennen Sie irgendwelche Eltern, die ihren Kindern Sorgen und Leid wünschen? Ich nicht. Vielmehr kenne ich viele Eltern, die bereit sind, Schmerz, Sorgen und sogar den Tod auf sich zu nehmen, um ihre Kinder vor Leid zu bewahren oder ihnen das Leben zu retten. Dies ist ein Kennzeichen der elterlichen Liebe.

Wenn das Leben so leicht wäre, könnte ich dieses Kapitel einfach mit der einen oder anderen Geschichte beenden, in der Eltern sich für das Glück ihrer Kinder aufgeopfert haben. Doch das Leben ist oft komplizierter, besonders wenn Kinder, die in einem christlichen Elternhaus aufgewachsen sind, in Schwierigkeiten geraten: persönliche Probleme, Drogenmissbrauch, die falschen Freunde, ungewollte Schwangerschaft, Ablehnung gegenüber dem Glauben, Verlassen der Gemeinde und das Ablegen persönlicher und geistlicher Werte.

Was können wir in solch einer Situation tun? Wir lieben unsere Kinder nicht weniger als zuvor. Doch oft weigern sich unsere Kinder, auf uns zu hören, egal, ob wir sie lieben oder nicht. Wir reden, weinen, drängen und beten. Wir leiden um unsere Kinder. Wenn sie doch nur erkennen würden, wie sie ihr Leben verpfuschen! Wenn sie doch nur irgendetwas davon abbringen könnte, ihren Körper, ihren Verstand und, was am schlimmsten ist, ihre Seele zu schädigen. Doch nichts scheint zu helfen und schließlich stumpfen wir ab, schweigen und fragen uns, wo in all diesem Durcheinander Gott ist.

Wo ist Gott? Er ist da, er ist uns in seiner unendlichen Liebe bereits vorausgegangen auf der Suche nach den umherirrenden Kindern. Dies ist der gemeinsame Punkt in allen Geschichten von Zurückgekehrten: »Gott war da. Ich habe ihn lange nicht wahrgenommen, doch schließlich drang seine Stimme zu mir durch.«

Das Erstaunliche ist, dass Gott oft gerade die Dinge gebraucht, die Eltern das Herz brechen, um im Leben dieser Kinder zu wirken. Gott benutzt oft schwerwiegende Lebensprobleme, um Menschen zu sich zu ziehen. 57% der Menschen, die ich für dieses Buch befragt habe, gaben an, dass »unlösbare persönliche Probleme« eine entscheidende Rolle für ihre Rückkehr zu Gott spielten. Andere, die auf diesem Gebiet Studien betrieben haben, kommen zu einer noch höheren Zahl.

Die Probleme, die zu einer Umkehr beitragen, können unterschiedlichster Art sein, aber wenn sie den Umherirrenden in die Enge treiben, ist Befreiung bereits im Anmarsch. Ganz oben auf der Liste von Problemen, die einen Menschen zurück auf den Herrn werfen, steht der Tod eines geliebten Menschen, eigene Krankheit oder Ehescheidung.[1]

Denken wir einmal darüber nach: Es waren persönliche Schwierigkeiten, welche den bekanntesten Umherirrenden der

Welt, den verlorenen Sohn aus dem Gleichnis Jesu, dazu bewegten, in sich zu gehen und umzukehren. Dieser wohlhabende junge Mann hatte alle Möglichkeiten, solange er zu Hause unter der Obhut des liebenden Vaters war, dem er sich unterordnen sollte. Stattdessen verlangte er, dass sein Vater ihm das Erbe *sofort* und nicht erst später auszahlen sollte.

Sobald er das Geld in Händen hatte, machte er sich auf in ein fernes Land. In kürzester Zeit freundete er sich mit den falschen Leuten an, verprasste sein Geld und fand sich in erbärmlichen Verhältnissen wieder, wo sein Überleben buchstäblich davon abhängig war, was die Schweine ihm übrig ließen.

Jona, ein weiterer Umherirrender der Bibel, machte ähnliche Erfahrungen. Seine Flucht vor Gott verlief gut, bis er im Mittelmeer in einen kleinen Sturm geriet. Fort von seiner Heimat Israel und auf hoher See, glaubte Jona, Gott hinter sich gelassen zu haben. ›Ninive? Soll doch ein anderer dem Herrn an diesem gottverlassenen Ort dienen!‹ Jona ahnte nicht, dass Gott wegen seines Ungehorsams den Wind stürmen und die Wellen tosen lassen würde. Er wusste auch nicht, dass ihn seine größten Schwierigkeiten, die ihn dem Tode nahe brachten, zurück zu Gott führen und eine Erweckung in Ninive auslösen sollten.

Wir sehen, dass manchmal ernste Schwierigkeiten nötig sind, bevor Menschen bereit sind, auf Gott zu hören. Natürlich löst dies bei Eltern oft belastende Angst und Sorge aus, besonders wenn diese Eltern nicht loslassen und die Angelegenheit nicht Gott übergeben. Diese elterliche Liebe und Fürsorge ist verständlich, aber wir müssen darauf achten, dass wir nicht dem Werk des allmächtigen Gottes im Leben unserer Kinder im Wege stehen. Um dieses Werk vollenden zu können, sind manchmal Schmerz und Leid nötig. In solchen Situationen können Eltern nur vertrauensvoll zusehen und beten.

Das Erstaunliche ist, dass unsere Kinder, unser Ehepartner oder andere, die einmal solche Schwierigkeiten durchlebt haben und daraufhin zu Gott zurückgekehrt sind, entscheidend verändert worden sind. Sie werden zu einem lebendigen Beispiel der Gnade und Güte Gottes. Ihre Worte zeugen von geistlicher Echtheit. Sie haben den wahren und lebendigen Gott gefunden und ihr Leben strahlt dies aus.

John Percy ist einer dieser Zurückgekehrten. Persönliche Probleme konfrontierten ihn mit dem Gott, dem er als Teenager den Rücken zugekehrt hatte. 19 lange Jahre war er in einer steilen Karriere als Rechtsberater und Manager einer Versicherungsfirma vor Gott geflohen.

Doch in seiner Geduld und Langmut brachte Gott John über Jahre hinweg langsam, aber sicher in eine Ecke, aus der er nicht mehr weiter fliehen konnte. In seiner Verwirrung und seinem inneren Leid fand sich John eines Nachts starr vor Angst unter seinem Bett liegend vor. Er umklammerte einen Baseballschläger, den er aus Furcht vor einem Einbrecher immer unter dem Bett verwahrte. Ein Einbruch? Nichts könnte besser beschreiben, was in dieser Nacht geschah. John Percy brach im wahrsten Sinne des Wortes zusammen, als Gott ihm die Wahrheit über sich selbst und sein verschwendetes Leben vor Augen führte.

John Percy wuchs als Missionarskind auf. »Ich hatte niemals Zweifel, ein Christ zu sein«, sagt John nachdrücklich. »Im Alter von 6 Jahren übergab ich mein Leben dem Herrn und ich wusste genau, was ich tat. Mir war klar, dass Jesus für mich gestorben war und dass, wenn ich ihn als meinen Erretter annähme, ich ewiges Leben haben würde. Niemals während all der Jahre habe ich dies in Frage gestellt.

Wahrscheinlich war diese Gewissheit ein Teil meines Problems. Ich wusste, dass ich in den Himmel kommen würde. Aber als ich heranwuchs, lernte ich auch die Seite des Christentums kennen, welche mir nicht gefiel. In einem Heim für Missionarskinder wurde ich misshandelt. Und nicht nur ich, sondern auch viele meiner Freunde. Heute würden solche Vorfälle von Kindesmissbrauch Schlagzeilen machen.

Nach meiner Zeit im Heim für Missionarskinder kam ich auf eine christliche Schule. Meine Eltern gaben mir und meinen Schwestern eine sehr gute Ausbildung mit auf den Weg. Während dieser Schulzeit beschloss ich ganz bewusst und überlegt, dass es an der Zeit war, mich vom christlichen Glauben abzuwenden. Ich erinnere mich sehr genau daran, wie ich die Straße entlang ging und innerlich zu Gott sagte: ›Weißt du, es ist sehr schön, dass du Jesus gesandt hast, damit er für mich stirbt und mir ewiges Leben gibt, aber bitte lass mich für den Rest meines Lebens in Frieden!‹

Für mich bedeutete Gott eine Einschränkung. Ich sah nur Verbote, nicht aber das, was ich tun sollte. Ich erkannte niemals das Vorrecht, Christ zu sein, mit Ausnahme, dass man nicht in die Hölle kommt. Das war mir schon wichtig, doch darüber hinaus konnte ich dem Glauben keinen Wert abringen. Christ zu sein, bedeutete für mich, auf gewisse Dinge zu verzichten. Und die Christen, die ich kannte, waren keine besonders glücklichen Leute. Zumindest erkannte ich ihre Freude nicht. Ich dachte mir: ›Was hat dies alles für einen Sinn? Wer braucht all das überhaupt?‹

Schließlich traf ich die Entscheidung, dem Glauben den Rücken zu kehren. Ich tat nichts Außergewöhnliches, trank nicht und nahm keine Drogen. Ich war Sportler und wollte meinem Körper nicht schaden. Außerdem wollte ich mit meinem Geld die teuersten Klamotten und ein tolles Auto kaufen.

Ich ging auf ein christliches College und wusste von vornherein, dass ich mich nicht anpassen würde. Meinen Eltern sagte ich nichts, weil ich sie nicht verletzen wollte. Doch ich bin mir sicher, sie merkten, dass ich nicht in meiner Bibel las oder an christlichen Aktivitäten teilnahm, wenn ich in den Semesterferien zu Hause war. Auf jeden Fall merkte es meine Schwester und sie war sehr besorgt um mich.

Das Erstaunlichste jedoch war, dass Gott mir ein gläubiges Mädchen über den Weg schickte, obwohl ich wahrscheinlich der unmotivierteste Student des gesamten Unterkurses war. Ich wusste, dass sie gläubig war, und irgendwie brauchte ich sie in meinem Leben. Während der ganzen Zeit, als ich abglitt, hielt ich doch unbewusst an christlichen Werten fest. Dazu gehörte auch, dass ich keinen Nicht-Christen heiraten wollte oder zumindest niemanden, der dem Glauben total ablehnend gegenüberstand. Schließlich heirateten wir und gingen beide an die weiterführende Universität.«

Zu dieser Zeit schien John Percys Plan aufzugehen. Er sah sich selbst als außenstehenden Christen, der weder auf Gott, die Gemeinde, noch seine Eltern zornig ist. Er wollte weder etwas beweisen oder widerlegen noch irgendjemand verletzen (obwohl seine Entscheidung letztendlich andere verletzte). Das christliche Leben war für ihn einfach nicht real.

Nach seinem Abschluss an der Universität hatte er eine gute Ausbildung, eine liebende Frau und eine ausgezeichnete

Anstellung bei einer Versicherungsgesellschaft. Das Leben bestand für ihn aus einem ständigem Aufstieg auf der Karriereleiter, Yachtkreuzfahrten und sonntagmorgendlichen Treffen mit seinen feinen Freunden auf dem Golfplatz. Alles schien perfekt zu sein. Toller Job, Geld im Überfluss, ein schönes Haus und eine nette Familie. Aber sich von Gott abzuwenden, ist nicht so einfach, wie es aussieht. Gott ändert seinen Standpunkt nicht, ganz gleich, was geschieht, und ist auch nicht entmutigt. Er kennt das Ende bereits vor dem Anfang.

Aus meinen anfänglichen Bemerkungen wissen wir, dass John Percys Geschichte ein glückliches Ende nehmen wird, obwohl sie ihn selbst heute noch in Staunen über den langmütigen Gott versetzt, der ihm all die Jahre nachgegangen war. Doch es gab auch Schwierigkeiten in Johns Leben. Er versuchte sein Bestes, dies zu verdrängen. Aber seine Unzufriedenheit und Ratlosigkeit über das Leben und eine Ehe, die zu zerbrechen drohte, waren unübersehbar. Er wurde sich auch bewusst darüber, dass er anfing, sich nach anderen Frauen umzusehen (und sie hatten auch Interesse an ihm). Er hatte das während seiner ganzen Ehe nie zuvor getan und ihm war klar, wozu das führen konnte.

Zu etwa der gleichen Zeit wuchs in John eine innere Besorgnis um seine Kinder, alle drei zu diesem Zeitpunkt noch jünger als 10 Jahre. Der Gedanke, der ihm am meisten zu schaffen machte, war, dass er in einem hingegebenen, christlichen Elternhaus aufgewachsen war und sich trotzdem von Gott und christlichen Maßstäben abgewandt hatte. »Wenn ich dazu fähig war«, sagt John nachdenklich, »wie würden dann meine Kinder enden, die überhaupt keinen christlichen Bezug haben?«

Doch es war der Tod einer geliebten Tante, welcher John Percys Gelassenheit endgültig zerschmetterte und ihm zeigte, wie weit er wirklich von Gott entfernt war. Gott hatte nach und nach alle Fluchtwege in Johns Leben verschlossen und gebrauchte nun diese einschneidende Erfahrung, um ihn innehalten und sich im Spiegel betrachten zu lassen.

John erzählt diese Geschichte am besten selbst. Achten wir beim Lesen auf den Unterton eines Mannes, der auch noch 20 Jahre nach den Ereignissen um seine verlorenen Jahre weint. Dies untermauert auf sanfte Weise die biblische Wahrheit, dass der Weg des Übertreters schwer ist. Trotz allen Anscheins des Erfolgs und Glücks stimmte etwas nicht in Johns Leben.

»Obwohl ich an geistlichen Dingen keinerlei Interesse hatte, hielt ich doch Kontakt zu meiner christlichen Verwandtschaft. Nicht nur zu meinen Eltern, sondern auch zu meinen beiden Onkeln und Tanten, die Missionare in Afrika gewesen waren.

Eine dieser Tanten war für mich die wunderbarste Person, die ich jemals kennen gelernt habe. Es fällt mir schwer, sie zu beschreiben. Sie gehörte zu Canadas bekanntesten Konzertpianisten. Sie war in jeder Beziehung ein außergewöhnlicher Mensch. Natürlich war sie nicht vollkommen, doch für mich kam sie sehr nahe daran.

Als ich im Heim für Missionarskinder war, kümmerte sie sich sehr um mich und schrieb mir regelmäßig. Später kamen sie und mein Onkel, wenn sie auf Heimaturlaub waren, zu uns nach Hause. Meine Tante behandelte mich, als ob ich ein treuer, bekennender Christ gewesen wäre. Keinerlei Anschuldigungen oder Anspielungen! Ich mochte sie wirklich sehr und war tief mit ihr verbunden.

Eines Tages erhielt ich einen Brief von meinem Onkel, in

dem er schrieb, dass meine Tante Krebs hatte. Es stand schlecht um sie und er bat mich, für sie zu beten. Ich wusste augenblicklich, dass meine Tage des Nicht-Betens damit gezählt waren. Ich musste einfach für meine Tante beten. Ich musste! Aber ich konnte nicht. Ich war absolut nicht imstande zu beten. Es kamen keine Worte aus meinem Mund. Ich war innerlich leer.

Wochenlang lag ich nachts wach und versuchte zu beten, aber es ging nicht. Dann dachte ich darüber nach, dass meine Tante sicher stirbt, wenn ich nicht beten würde. Obwohl ich es eigentlich besser wusste, glaubte ich, alles würde von mir abhängen. Ich sagte mir selber: ›Wenn du nicht betest, stirbt sie!‹ Aber ich konnte nicht beten und dies quälte mich unendlich.

Irgendwie verkroch ich mich eines Nachts unter meinem Bett, buchstäblich unter meinem Bett, wo sich der ganze Staub sammelt. Ich umklammerte meinen Baseballschläger, den ich zum Schutz vor Einbrechern dort aufbewahrte.

Man muss sich dies einmal bildlich vorstellen. Ich war 35 Jahre alt, intelligent, ein angesehener und erfolgreicher Manager, der sich jeden nur erdenklichen Luxus leisten kann, und liege unter meinem Bett und umklammere meinen Baseballschläger! Das einzige, an das ich denken konnte, war: ›Wie kann dies sein? Was ist mit mir passiert? Wo bin ich hingekommen?‹ Am nächsten Morgen sagte ich meiner Frau: ›Ich werde zur Gemeinde gehen!‹«

Ich möchte Johns Erzählung an diesem Punkt unterbrechen und aufzeigen, wie persönlich Gott im Leben Johns wirkte. Gott kannte John, denn er hatte ihn geschaffen. Genau im richtigen Augenblick stellte Gott ihn vor ein Problem, das ihn dazu zwang, Gott seine Aufmerksamkeit zu schenken.

Für manche Menschen mag die Unfähigkeit zu beten kein großes Problem sein, aber für John war dies erschreckend. Er wusste sehr gut, dass sein Beruf und sein Selbstwertgefühl von seiner Redegewandtheit abhingen. Seine Fähigkeit sich auszudrücken war der Motor seiner gesamten Karriere. Worte waren seine Verbündeten und sein Arbeitswerkzeug. Sprachlos zu sein, besonders wenn es um seine geliebte Tante ging, traumatisierte seine Persönlichkeit, sowohl bewusst als auch unbewusst.

Worte erscheinen uns so einfach, aber in Wirklichkeit sind sie sehr bedeutungsvoll, weil sie den Menschen von dem Rest der Schöpfung Gottes abheben. Menschen können miteinander reden. Sie können ihre Gedanken, Vorstellungen, ihre Ideen und Gefühle mitteilen. Neben unserer ewigen Seele drückt die Fähigkeit sich mitzuteilen aus, dass wir im Bilde Gottes geschaffen sind. Dies ist ganz sicher der Grund, warum die Bibel so oft davon spricht, wie wichtig es ist, was wir sagen und wie wir es sagen.

Gott benutzt Worte, um sich uns zu offenbaren. Wir können Gott zwar durch die Schöpfung um uns herum erahnen, aber nur durch die Bibel, das niedergeschriebene Wort Gottes, können wir ihn wirklich kennen lernen. Doch die vollständigste und deutlichste Mitteilung Gottes an uns liegt in seinem Sohn Jesus Christus, der als das Wort bezeichnet wird. Dieses Wort, so sagt uns Johannes 1,1-2, war im Anfang bei Gott.

Durch Worte teilen wir uns Gott mit. Das deutlichste Reden eines Christen mit Gott drückt sich durch gesprochene oder gedankliche Gebete aus. Jemand hat einmal gesagt, dass das Gebet das aufrichtige Verlangen des Herzens ist. Dies stimmt, aber dieses Verlangen muss in Worte gefasst werden, um Ausdruck zu finden. Unsere Bereitschaft oder Fähigkeit zu beten ist ein Maßstab für unser geistliches Leben. Ganz gleich wie aktiv wir für Gott oder wie beständig wir im christlichen Dienst sind, das Gebet ist ein Indikator für unseren geistlichen Zustand. Wenn wir nicht beten wollen oder können, zeigt uns das, wie es wirklich um uns steht.

John Percy konnte nicht beten, weil er geistlich gesehen schwerkrank war. Obwohl sein Verstand ihm dies ausreden wollte, war er unfähig, selbst das einfachste Gebet für seine Tante zu sprechen und dies nahm ihm jegliche Illusion über seinen wahren geistlichen Zustand.

In den folgenden Wochen nach seiner nächtlichen Erfahrung, begab sich John auf die verzweifelte Suche nach einer Gemeinde. An einem Sonntag besuchte er tatsächlich sieben verschiedene Gemeinden. Er verweilte kurz, hörte aufmerksam zu und machte sich dann zur nächsten Veranstaltung auf. Nach einigen Monaten fand er schließlich die Gemeinde, welche bis auf den heutigen Tag seine geistliche Heimat werden sollte. Der Prediger dieser Gemeinde war Peter Bisset, mein Onkel.

Abgesehen von seinem nächtlichen Angstzustand war Johns Rückkehr zu Gott nicht dramatisch, sondern ein längerer Prozess. Die Entscheidung war gefallen, aber das Entwickeln geistlicher Kraft und Reife brauchten Zeit.

»Gott stellte mir die richtigen Leute in den Weg«, erinnert sich John mit einem Lächeln. »Alle möglichen Menschen - Gemeindemitarbeiter, Lehrer, Eltern, Freunde und vor allem meine Frau, die mich sehr ermutigte. Nie hat sie gesagt: ›Das ist mir vielleicht was, all die Jahre gehst du nicht zur Gemeinde und nun dies.‹ Ich sagte, dass ich zur Gemeinde gehen wollte, und sie ging mit mir.

Die größte Lektion, die ich im ersten Jahr meiner Rückkehr zum Herrn lernte, war, dass man im christlichen Leben kein Einzelgänger sein kann. Ganz gleich, wie intelligent wir uns auch vorkommen und wie diszipliniert und zielstrebig wir auch sein mögen, wir brauchen andere Christen, die uns auf dem Weg helfen. Insbesondere brauchen wir Gottes Hilfe. Es ist unser Recht und unsere Pflicht, andere und den Herrn zu bitten, uns zu helfen.

Ich begann auch für meine Tante zu beten. Anfänglich waren es erbärmliche Gebete, aber zumindest betete ich. Sie erholte sich von ihrem Krebsleiden und lebte noch zehn Jahre, bevor sie durch eine andere Art von Krebs heimgerufen wurde. Nachdem ich wieder zur Gemeinde ging, schrieb ich ihr und erzählte, was in meinem Leben geschehen war. In den folgenden Jahren hatten wir einen regen und wunderbaren Austausch. All diese Menschen halfen mir bei meiner Rückkehr zum Glauben, der sich Schritt für Schritt vollzog. Man kann nicht an einem Tag oder in einer Woche zurückkehren.«

Am Ende meines Interviews stellte ich John noch die Frage, was er den Eltern von in die Irre gegangenen Kindern raten würde.

»Niemals aufgeben«, antwortete John bestimmt. »Niemals aufhören zu beten. Nachdem ich zum Herrn zurückgekehrt war, erzählte mir meine Mutter, dass sie sich neunzehn Jahre lang jeden Montag mit mehreren Frauen traf, um für mich zu beten. Zusätzlich beteten um die gleiche Zeit noch viele andere Menschen über die ganze Welt verstreut für mich. Befreundete

Missionare in Afrika, eine Frau aus Florida und Menschen an vielen anderen Orten. Meine Mutter schrieb ihnen allen und bat sie, zu einer bestimmten Uhrzeit für mich zu beten. Sie organisierte ein weltweites Gebetstreffen für mich. Niemals schrieben meine Eltern und ihre Freunde mich ab.

Ich möchte Eltern auch dazu ermutigen, offen und ehrlich zu ihren Kindern zu sein. Wir sollten ihnen ehrlich sagen, was es bedeutet, sich von Gott zu entfernen. Wenn ich auf all die verschwendeten Jahre zurückblicke, überkommt mich ein miserables Gefühl. Der Herr vergibt und ebenso andere Menschen, aber sich selbst zu vergeben ist nicht so einfach und es ist auch nicht leicht zu vergessen.

Ich spiele heute kein Golf mehr, aber denke manchmal an meine Sonntagmorgende auf dem Golfplatz und meine Jahre ohne den Herrn. Ich bin nicht verbittert darüber, aber es ist immer noch in meinem Hinterkopf. Ich bin damals viermal in der Woche Golf spielen gegangen und war kein schlechter Spieler. Ich liebte Golf, aber es würde mir heute schwer fallen, Golf spielen zu gehen, weil der Schmerz über die verschwendeten Jahre immer noch da ist.

Noch etwas zum Schluss. Kinder, die den Herrn wirklich kennen, kommen auch zurück. Wenn nicht heute, dann spätestens, wenn sie eines Tages vor dem Herrn stehen werden. Gott wünscht sich zwar eine baldige Rückkehr, aber sein Wort gibt uns diese letztendliche Verheißung. Deswegen kann ich einem Abgeirrten in die Augen blicken und ihm sagen: ›Du wirst zurückkommen. Mit Sicherheit.‹«

KAPITEL 10

Kinder von Ältesten

Ein Aufseher muss untadelig sein ... der dem eigenen Haus gut vorsteht und die Kinder mit aller Ehrbarkeit in Unterordnung hält - wenn aber jemand dem eigenen Haus nicht vorzustehen weiß, wie wird er für die Gemeinde Gottes sorgen? (1Tim 3,2-5)

... wenn jemand untadelig ist, Mann einer Frau, gläubige Kinder hat, die nicht eines ausschweifenden Lebens beschuldigt oder aufsässig sind. (Tit 1,6)

Wenn man diese Verse heute wörtlich auf evangelikale Kreise anwenden würde, wie viele Männer würden dann noch den Maßstab für den Hirtendienst erfüllen? Diese Worte lassen nicht viel Spielraum. Einfach gesagt, wenn ein Mann vom Glauben abgeirrte Kinder hat, erfüllt er nicht die Voraussetzungen für einen Ältesten. Er kann auch kein Diakon sein, weil der Apostel Paulus in

1. Timotheus 3,12 fast die gleichen Worte für die Qualifikationen dieses Amtes wählt.

Diese Anforderungen auf jeden zu übertragen, der in christlicher Verantwortung steht, ist kein großer Schritt. Wie sieht es mit Radio- und Fernsehpredigern oder Leitern von übergemeindlichen Organisationen sowie christlichen Autoren und Rednern aus? Soll man ihnen im Blick auf 1. Timotheus 3 und Titus 1 gestatten, ihren öffentlichen Dienst fortzusetzen, wenn sie vom Glauben abgeirrte Kinder haben?

Was bedeuten diese Verse? Sind sie ein Gebot? Verlangen sie, dass diese Prediger ihren Dienst aufgeben? Oder findet sich in diesen Stellen etwas, was wir übersehen, einen Blickpunkt, der diese scheinbar kompromisslosen Voraussetzungen für christliche Leiterschaft abschwächt?

Ich hoffe in diesem Kapitel der Frage aufrichtig auf den Grund zu gehen. Vielleicht stimmen sie mit meinen Schlussfolgerungen nicht überein. Doch ganz gleich zu welchem Schluss sie auch kommen, ich möchte Sie darum bitten, barmherzig damit umzugehen, weil dadurch Menschen und Werke schwer angegriffen werden können. Aus diesem Grunde geben die meisten Bibelkommentare die Aussage dieser Verse nur mit anderen Worten wieder, ohne eine tiefere Auslegung zu liefern. Wenn angesehene Bibelausleger derart zurückhaltend sind, sollte uns das als Warnung dienen, um diese Verse vorsichtig zu behandeln. In solch einem schwierigen Unterfangen ist es mir allerdings ein Trost, dass in Gemeinden und Werken viele Verantwortliche, deren Kind vom Glauben abgeirrt ist, diese und andere Bibelstellen zum Thema bereits eingehend studiert und darüber gebetet haben.

Warum beschäftige ich mich also überhaupt noch mit dem

Thema? Weil viele dieser christlichen Führer, auch solche, die trotz ihrer abgeirrten Kinder weiterhin im Dienst bleiben, im Inneren oft unruhig über ihre Entscheidung sind. Sie sind sich nicht wirklich sicher, dass sie richtig gehandelt haben und durchleben oft jahrelang tiefe innere Kämpfe über diese Frage.

Bei einem Freund von mir, einem angesehenen Gemeindeleiter, hatten sowohl der Sohn als auch die Tochter dem christlichen Glauben den Rücken gekehrt. Dennoch blieb er noch einige Jahre im Dienst und seine Gemeinde wuchs zahlenmäßig und geistlich. Mein Freund erfreute sich hieran und sah dies als Beweis, dass die Gnade Gottes mit ihm war. Dennoch quälte ihn ein Gefühl des persönlichen Versagens, was ihn schließlich dazu bewegte, sein Amt vorzeitig niederzulegen und sich einer anderen Arbeit zuzuwenden. Bei guter Gesundheit hätte er sicherlich noch 10-15 Jahre Dienst vor sich gehabt. Aber er konnte die Anspannung nicht länger ertragen.

Diese Zweifel und Fragen quälen ebenso die Gemeindeglieder. Auch wenn sie ihre Unsicherheit nicht offen aussprechen, ist sie dennoch da, insbesondere, wenn das Kind eines Verantwortlichen in der Gemeinde oder Gesellschaft große Schwierigkeiten macht. Ich hoffe, dass dieses Kapitel dazu beitragen wird, das Thema mit einer größeren Klarheit anzugehen.

Doch was sagen 1. Timotheus 3 und Titus 1 denn nun wirklich aus? Kann jemand, der ein abgeirrtes Kind hat, weiterhin im christlichen Dienst bleiben, ohne damit der Schrift untreu zu werden?

Zuerst möchte ich herausstellen, dass diese Verse nicht davon sprechen, dass ein Verantwortlicher seinen Dienst verlassen sollte. Sie listen viel mehr die Voraussetzungen für solche auf, die in den Dienst gerufen werden. 1. Timotheus 3 und Titus 1 sprechen über die Einsetzung von Ältesten, nicht von einem Aussieben von bereits bestehender geistlicher Führung. In 1. Timotheus 3,1 sagt Paulus: *»Wenn jemand nach einem Aufseherdienst trachtet, so begehrt er ein schönes Werk.«* Timotheus soll nach geistlichen Männern Ausschau halten, und der Wunsch nach dem Dienst eines Ältesten ist der erste Schritt im Auswahlverfahren. Wenn ihr also Männer findet, die den Wunsch nach geistlicher Verantwortung haben, sagt Paulus zu Titus und Timotheus, dann müssen diese Männer folgende Kriterien erfüllen, um eingesetzt werden zu können.

In Titus 1,5 wird dies noch deutlicher. Dort gebietet Paulus Titus, in jeder Stadt Älteste einzusetzen. Die Gläubigen auf Kreta hatten ihre ganz speziellen Probleme und die Herde Gottes dort bedurfte einer besonders starken Leiterschaft. Titus, der die Voraussetzungen kannte, sah sich um, führte Gespräche und setzte die entsprechenden Männer ein.

Die Tatsache, dass Paulus hier von den Voraussetzungen für solche spricht, die nach dem Ältestenamt streben, zeigt auf, dass sich das Problem der Kinder nicht auf bereits im Dienst befindliche Prediger bezieht. Es geht hier um die Kinder von Anwärtern auf die Ältestenschaft. Wenn der Kandidat den Anforderungen in Bezug auf die Kinder wie auch auf die anderen Gesichtspunkte entspricht, erfüllt er die Voraussetzungen, wenn nicht, dann nicht.

Dass Paulus hier von einem Auswahlverfahren zum Ältestendienst hin und nicht von einer Absetzung vom Ältestendienst spricht, wird um so deutlicher, wenn wir uns vor Augen führen, dass Paulus die Ältesten an keiner Stelle zum Verlassen des Dienstes auffordert, wenn sie diesen Maßstäben nicht länger entsprechen. Normalerweise ist das Schweigen der Schrift zu einem bestimmten Thema kein guter Argumentationspunkt. Aber das Fehlen jeglicher Anweisung für das Absetzen von Ältesten zeigt Paulus' Absicht deutlich auf, insbesondere weil seine Liste von Voraussetzungen so genau ist.

Diese Ansicht wird noch weiter von der Tatsache bestärkt, dass Paulus den 1. Timotheus- und den Titusbrief zum Ende seines Lebens hin schrieb. Die Ältesten in den Gemeinden, die Paulus zu Beginn seiner Missionsarbeit gegründet hatte (wie zum Beispiel Ephesus, wo Timotheus Paulus' Brief empfing), waren bereits einige Jahre im Dienst. Es ist anzunehmen, dass Paulus einigen ungehorsamen Kindern von Verantwortlichen begegnet war, als er diese älteren Gemeinden wieder besuchte. Seine Anforderungen haben etwas lebensnahes an sich, geradeso als ob Paulus diese Art von Problemen bei Gemeindeleitern wahrgenommen hätte. Dennoch gibt er keine besonderen Anweisungen, solche Männer aus der Verantwortung in der Gemeinde abzusetzen.

Die Frage, die wir uns nun stellen müssen, ist, ob diese Verse irgendeine erweiterte Anwendung für uns haben. Die Antwort ist natürlich ›ja‹, denn es wäre exegetischer Nonsens zu sagen, dass diese Voraussetzungen nur an Timotheus und Titus für die Gemeinden in Kleinasien und Kreta des 1. Jahrhunderts geschrieben wurden.

Das hier gültige Auslegungsprinzip führt von der spezifischen zur allgemeinen Anwendung der Bibelstelle. Nur so ergeben die allgemeinen und besonderen Anweisungen in der Bibel für uns heute überhaupt einen Sinn. Sowohl die speziellen wie auch die allgemeinen Anweisungen der Bibel sind nötig. Wenn die Bibel niemals spezifisch wäre, wüssten wir nicht, wie wir ihre Anweisungen im alltäglichen Leben umsetzen sollten. Umgekehrt, wenn die Bibel nur aus spezifischen Anweisungen bestehen würde, wüssten wir nicht, wie wir uns in einer Situation verhalten sollten, zu welcher die Bibel keine ausdrücklichen Anweisungen gibt.[1] Deshalb liefert die Bibel uns in erster Linie Prinzipien anstatt Kataloge von Anweisungen, obwohl auch diese Kataloge vorkommen und oft sehr ausdrücklich in ihren Forderungen sind (wie im Beispiel aus 1. Timotheus 3 und Titus 1).

Der Bibelausleger Dr. Bernhard Ramm fasst die Logik des »vom Spezifischen zum Allgemeinen«-Auslegungsprinzips in seinem Buch »Protestantische Bibelauslegung« zusammen. »Wenn die Bibel in ihren praktischen Aussagen nur spezifisch wäre«, bemerkt Professor Dr. Ramm, »wäre sie relativ und nicht allgemein gültig. Wenn sie aus einem Codex von Gesetzen bestände, würde die Bibel eine künstliche Geistlichkeit bewirken und damit letztendlich Heuchelei fördern. Wenn die Anweisungen alle spezifisch wären, könnte ein Mensch sich haarklein an die Regeln halten und dennoch an wahrer Geistlichkeit vorbei leben.«[2] Der Gläubige soll deshalb innere Werte und geistlichen Charakter entwickeln, anstatt sich nur rein äußerlich Regeln und Geboten anzupassen.

Dieses Prinzip bedeutet, dass 1. Timotheus 3 und Titus 1 über den Anwärter auf das Ältestenamt hinaus angewendet werden kann. Die Kriterien, die Paulus auflistet, sind nicht einfach nur ein Maßstab für Männer, die in Ephesus oder auf Kreta Älteste werden wollten. Sie sind die apostolische Richtschnur für Gemeindeleiterschaft über die Jahrhunderte hinweg. Sicherlich war Paulus sich dessen bewusst, als er Timotheus, der selbst in der Gemeindeverantwortung in Ephesus stand, diesen Brief schrieb. Paulus wusste, dass Timotheus die Verse zuerst auf sich selbst anwenden würde, bevor er diese anderen Männern, welche Älteste werden wollten, vor Augen stellte.

Was bedeutet dies nun für den Gemeindeleiter heute, der ein vom Glauben abgewichenes Kind hat? Zunächst einmal gibt es keine spezielle oder allgemeine Anweisung, die ihn auffordert, seinen Dienst niederzulegen. Dennoch finden wir in diesen Zeilen Grund zur Selbstprüfung und Selbstbeurteilung, was die meisten Verantwortlichen in dieser Situation auch getan haben. Warum auch nicht? Wenn wir im Hirtendienst stehen und es bei uns zu Hause geistliche Probleme gibt, wer kennt diese Probleme besser als wir selbst? Wer wäre besser in der Lage, sie zu bewältigen und zu lösen?

Der Dienst am Evangelium ist eine hohe Berufung und die ihn auf sich nehmen, sollten dies unter Gebet und mit Bedacht tun. Wenn ein Mann Probleme mit seinen Kindern hat, bevor er in den Hirtendienst geht, sollte er von diesem Vorhaben Abstand nehmen. Er erfüllt nicht die Voraussetzungen. Das Gleiche gilt für solche, die Diakone werden oder sonstige Verantwortung in der Gemeinde tragen wollen. Sie sollten in diesem Fall eine andere Dienstmöglichkeit in der Gemeinde suchen.

Wenn die familiären Probleme eines Gemeindeleiters schwerwiegend sind, ist es unter Umständen nötig, dass er sich selbst aus dem Dienst zurückzieht, zumindest, bis die Schwierigkeiten beseitigt sind. Es mag auch Anlässe geben, wo Mitälteste einen Verantwortlichen ansprechen müssen, ob es im Blick auf 1. Timotheus 3 und Titus 1 nicht angebracht wäre, den Dienst abzulegen. Ich persönlich glaube, das dies eher die Ausnahme sein sollte, aber dennoch mag dies vorkommen. Aber bevor die Verantwortlichen einen solchen Schritt tun, sollten sie einige Dinge überdenken.

Zunächst einmal stellt sich die Frage nach dem Alter des Kindes. Ist das aufmüpfige, ungehorsame Kind noch ein Teenager, der zu Hause wohnt, oder ein junger Erwachsener, der das elterliche Nest bereits verlassen hat? Wie sieht es mit Kindern aus, die verheiratet sind und bereits selbst Familie haben? Der kulturelle Zusammenhang in 1. Timotheus 3 und Titus 1 zeigt, dass Paulus ganz offensichtlich von Kindern spricht, die noch zu Hause leben und nicht von eigenständigen, erwachsenen Söhnen und Töchtern. Eltern leiden unter den Glaubenskrisen ihrer Kinder, ganz gleich, wie alt diese sind. Wir sollten jedoch nicht vergessen, dass wir für unsere erwachsenen Söhne und Töchter nicht länger geistliche Verantwortung tragen, ganz gleich, ob sie nun noch studieren oder bereits selbst Familie haben. Sie müssen ihr Leben selbst vor Gott verantworten.

Wenn wir einen schwierigen Teenager zu Hause haben, sollten wir uns daran erinnern, dass das Erwachsenwerden untrennbar mit Turbulenzen verbunden ist. Unsere Kinder durchleben in diesem Alter rasche körperliche Veränderungen, während sie gleichzeitig ihre eigene Persönlichkeit zu erforschen suchen. Unterscheiden sie sich von ihren Eltern, und wenn ja, worin? Vertraut man ihnen und erkennt man sie an? Was auf den ersten Blick wie eine ernste Glaubenskrise aussieht, ist nichts weiter als der natürliche Abnabelungsversuch des Teenagers von den Eltern.

Man sollte auch bedenken, dass ein 14 bis 15-Jähriger heute täglich einem beängstigenden Druck durch Freunde und Gesellschaft ausgesetzt ist. Ein 1 bis 2-jähriger geistlicher

Kampf, so schmerzvoll dies auch für alle Betroffenen sein mag, ist oft der einzige Weg, wie diese jungen Menschen den Glauben persönlich für sich in Anspruch nehmen können. Wenn wir den Mut haben, ihnen diese Zeit zuzugestehen, und darauf vertrauen, dass Gott trotz ihrer Auflehnung in ihrem Leben wirkt, werden wir feststellen, dass diese Haltung vorübergeht. Kinder wachsen oft geistlich durch solche Glaubenskrisen und ihr Glaube wird letztendlich dadurch nur lebendiger.

Ich kann die Probleme von Kindern, deren Väter in der Gemeindeverantwortung stehen, gut nachvollziehen, denn ich bin selbst ein Predigersohn. Man kann schlecht nachvollziehen, was dies bedeutet, wenn man es nicht selbst durchlebt hat. Der Druck und die Erwartungshaltung an die gesamte Familie ist oft sehr groß. Kinder, deren Eltern im christlichen Bereich bekannt und anerkannt sind, spüren diesen Druck oft vermehrt. Leider ist dies einfach so. Deshalb kann ich Eltern, Verwandte, Gemeindeglieder und Freunde nur bitten, diesen jungen Menschen gegenüber so geduldig und nachsichtig wie möglich zu sein.

Betrachten wir am Ende dieses schwierigen Kapitels noch einen letzten, weiteren Punkt. In seiner Anforderungsliste für Älteste, die er an Titus schreibt, zeigt Paulus einen wichtigen Hinweis für das freiwillige Zurücktreten eines Gemeindeverantwortlichen in solch einer Situation auf. In Titus 1,6 sagt Paulus, dass das betreffende Kind nicht der ›Ausschweifung‹ beschuldigt sein darf. Man könnte den Begriff ›Ausschweifung‹ auch als ›wilden Lebenswandel‹ bezeichnen. In der Bibel steht Ausschweifung auch für Unbelehrbarkeit und deutet damit auf einen jungen Menschen hin, der sich trotz der Bitten und

Anstrengungen seiner Eltern nicht verändern will.

Wenn ein noch bei den Eltern lebendes Kind derart rebellisch, verdorben und bösartig ist, dass dadurch der Name des Herrn in Gemeinde und Gesellschaft in Verruf gerät, dann sollte der Vater aus der Verantwortung in der Gemeinde zurücktreten, besonders wenn diese Rebellion bereits einige Zeit andauert. Dies dient nicht nur der Familie und der Gemeinde, sondern auch dem Evangelium an sich. Solch ein junger Mensch kann durch sein Verhalten das Zeugnis der jeweiligen Gemeinde und ihrer Glieder beträchtlich schädigen.

Als frisch verheirateter junger Mann schloss ich mich dem örtlichen CVJM an. Ich trainierte gerne, spielte Handball und ging regelmäßig schwimmen. Als ich mich einmal nach dem Duschen umzog, fing ich einen Teil einer Unterhaltung einige Kabinen weiter auf. Einige junge Männer sprachen über ihre sexuellen Erlebnisse mit einem jungen Mädchen. Ihre Unterhaltung war vulgär und abstoßend, als sie detailliert über die öffentliche Ausschweifung mit diesem Mädchen auf einer Party sprachen.

Eigentlich hätte ich mir Stöpsel in die Ohren stecken oder einen anderen Teil des Umkleideraumes aufsuchen sollen. Doch ich war zu sprachlos über dieses Beispiel von Sünde, welches mir fast unrealistisch erschien. Doch dann kam der Hammer: In ihrem Gespräch stellte sich heraus, dass das Mädchen die Tochter eines Predigers war. Doch es kam noch schlimmer. Sie war anscheinend in ihrer Schule für ihre sexuelle Zügellosigkeit weit bekannt (und gebraucht). Die jungen Männer schienen sich hierüber zu amüsieren und machten Witze über ihren Vater wie auch über den christlichen Glauben im Allgemeinen.

Ich war an diesem Tag nicht der einzige, der diese dreckige Angelegenheit mitbekam. Etwa ein halbes Dutzend anderer Männer zogen sich unauffällig um, hörten aber der Geschichte sehr genau zu, als der Name Christi in den Schmutz gezogen wurde. Ich sagte jedoch nichts. Wahrscheinlich, weil ich mich für das junge Mädchen und mich selbst als Christ und Predigerkind schämte. Dann empfand ich Zorn. Dennoch blieb ich ruhig und handelte nicht, sondern zog mich schnell an und ging zu meinem Auto.

Auf dem Heimweg dachte ich über das Leid nach, das die Eltern dieses Mädchens wohl durchlebten. Mit Sicherheit wussten sie von dem Treiben ihrer Tochter. Wie werden sie wohl reagiert haben? Hatten sie versucht, sie zu erziehen, damit sie ihren Lebenswandel ändert? Ohne Zweifel. Sicherlich beteten sie auch. Versuchten sie es auch mit Weinen, Schreien und Bitten? Was auch immer in der Familie dieses Predigers geschah, es schien wenig Eindruck auf dieses bemitleidenswerte Mädchen zu machen, dessen schlechter Ruf sich in Umkleidekabinen, in Kneipen und in der Schule verbreitete.

Ich weiß nicht, ob ihr Vater immer noch im Amt war. Wenn dies so war, wäre es sicherlich das Weiseste und Beste gewesen, wenn er die anderen Verantwortlichen der Gemeinde zusammengerufen hätte und sich im persönlichen Gehorsam gegenüber 1. Timotheus 3 und Titus 1 aus dem Dienst zurückgezogen hätte. Er hätte ihnen nicht einmal erzählen zu brauchen, warum. Ich bin mir sicher, dass sie es schon wussten und selbst unter der ganzen Angelegenheit litten.

Mit Sicherheit ist all dies hart und schwierig. Niemand möchte so eine Situation durchleben. Dennoch ist es um des Evangeliums willen das Richtige, in solch einer Situation diesen Schritt zu tun. Es geschieht nicht häufig, aber manchmal fordert das Wort Gottes von uns schmerzhafte, schwierige Entscheidungen. Die vorherige Geschichte veranschaulicht eine davon und lässt wohl nur eine solch dramatische Reaktion zu.

Ich kenne eine ganze Reihe von Männern, die wegen ihrer Familie das Hirtenamt niedergelegt haben. Keiner von ihnen war in so einer schmerzhaften Situation wie die gerade beschriebene. Dennoch hatten sie echte familiäre Probleme und sie entschieden, dass Frau und Familie an erster und Gemeinde oder Beruf erst an zweiter Stelle stehen. Ihre Entscheidungen, so schwer sie auch gefallen sein mögen, erwiesen sich im Nachhinein als das Beste, was allen Beteiligten passieren konnte. Das Familienleben gewann an Normalität zurück, die Kinder besserten sich und alle reiften an dieser Erfahrung.

Wenn wir Gott gehorsam sind, gehen wir den richtigen Weg, ganz gleich wie verloren die Dinge im Moment auch aussehen mögen.

Jeder von uns, der in gemeindlicher oder christlicher Verantwortung steht, muss selbst vor Gott entscheiden, was die richtigen Schritte sind, wenn es familiäre Probleme gibt. Wenn wir seinen Rat suchen, wird er uns zeigen, was wir im Blick auf 1. Timotheus 3 und Titus 1 tun sollten.

Haben wir diese Entscheidung einmal getroffen, geben wir die Last unserem Herrn doch einfach ab und ruhen in seiner liebenden Fürsorge für uns und unsere Familien. Er sorgt sich sowohl um uns wie auch um den Dienst, wozu er uns berufen hat.

KAPITEL 11

Eine unerwartete Einladung

In der Einleitung zu diesem Buch habe ich schon von meiner Überzeugung geschrieben, dass das Verwerfen des Glaubens nach einem bestimmten Muster verläuft. Die Menschen wenden sich vom Christsein aus ganz bestimmten Gründen ab. Dies geschieht nicht in einem Vakuum. Das Gleiche gilt auch für eine Glaubensumkehr. Menschen kommen aus ganz bestimmten Gründen zurück. Wenn wir diese Gründe verstehen, können wir unseren Kindern und Freunden helfen, durch ihre Glaubenskämpfe hindurch den Weg zurück zu einem gesunden christlichen Glauben zu finden.

Meiner Meinung nach gibt es vier Hauptgründe, warum Kinder, die in christlichen Elternhäusern aufwuchsen, den Glauben verlassen:

Ein Grund sind quälende, unbeantwortete Fragen über Gott und den christlichen Glauben. Da sie ihrem eigenen Verstand gegenüber aufrichtig sein wollen, steigen diese Menschen aus und beginnen ihre Suche nach Wahrheit (so, wie sie sie verstehen).

Zweitens verlassen Kinder den Glauben, weil er für sie persönlich nicht zu funktionieren scheint. Sie strengen sich wieder und wieder an, kommen aber nie zu einer echten Glaubenserfahrung. Es besteht eine Diskrepanz zwischen dem, was sie glauben oder vorgeben zu glauben, und dem, was Realität in ihrem Leben ist. Letztendlich kommen sie an einen Punkt, wo sie nicht länger mit dem Konflikt leben können, den sie in sich verspüren, und sie geben auf.

Ein dritter Grund ist, dass andere Dinge einen wichtigeren Stellenwert als Gott einnehmen. Der Glaube ist nur noch zweitrangig. Beruf, Karriere, Familie, Ansehen und andere Dinge sowie persönliche Probleme stehen über dem christlichen Glauben und Leben.

Viertens wenden sich Menschen ab, weil sie den Glauben nie für sich persönlich in Anspruch genommen haben. Sie nahmen an den christlichen Aktivitäten zu Hause und in der Gemeinde teil, oftmals in aller Aufrichtigkeit, aber sie haben sich nie persönlich für Christus entschieden. Wenn sie dann von den Stürmen des Lebens überwältigt werden, wissen sie nicht, was sie geglaubt oder ob sie überhaupt geglaubt haben.

Ich habe in diesem Buch versucht, fünf Gründe aufzuzeigen, warum Abgeirrte zurückkehren. Genau wie für das Verlassen des Glaubens gibt es auch für die Rückkehr gewisse Gesetzmäßigkeiten. In jeder Lebensgeschichte, von der ich berichte, finden sich ein oder mehrere dieser fünf Gründe.

Die erste Ursache für eine Umkehr ist ein Einfluss eines anderen Menschen: Ehepartner, Verwandter, Bekannter oder eine anderen Person. Dieser Faktor findet sich in allen Geschichten. Ein bestimmter Mensch nimmt oft entscheidenden Einfluss auf die Rückkehr des Abgeirrten.

Der zweite Grund für eine Rückkehr sind schwerwiegende persönliche oder familiäre Probleme, die die betreffenden Menschen nicht mehr alleine überwinden können. Anfänglich schien ihnen das Verlassen des Glaubens die Antwort auf ihre Probleme zu sein. Doch bald stellte sich heraus, dass die Dinge nicht so einfach lagen. Das Leben selbst warf Schwierigkeiten und Fragen auf. Es mag lange dauern, bis diese Schwierigkeiten eine Umkehr bewirken, von einigen Jahren bis hin zu Jahrzehnten, aber sie führen den abgeirrten Menschen zurück nach Hause.

Drittens erfolgt eine Umkehr durch das Verspüren einer gefühlsmäßigen und geistlichen Leere. Wenn das Leben sinnlos und alles verloren erscheint, wendet sich das leere Herz und der gequälte Verstand dem wartenden Gott zu. Der Herr hat zugesagt, sich von allen finden zu lassen, die ihn aufrichtig suchen.

Der vierte Grund für eine Umkehr ist die Sorge um die moralische und geistliche Zukunft der eigenen Kinder. Die Liebe und Sorge um die eigenen Kinder ist ein Gefühl, dem Eltern sich nicht entziehen können. Oft gebraucht Gott gerade diese Liebe, um Menschen zu sich zurückzubringen.

Die fünfte Ursache ist eine unerwartete, lebensverändernde geistliche Erfahrung. Anders ausgedrückt, Gott dringt in das Leben des Abgeirrten ein, manchmal auf radikale Weise und führt ihn zu sich zurück. Es ist fast so, als würde Gott sagen: »Nun reicht es. Es ist an der Zeit zurückzukehren.« Dies bewirkt entweder eine direkte Umkehr oder leitet einen längeren Prozess ein.

Dieser letzte Grund wird am ehesten übersehen. Das liegt wohl daran, dass wir das Problem eines Abgeirrten nur praktisch oder rein menschlich betrachten. Wenn wir in solch einer Situation sehen, was unsere Kinder mit ihrem Leben angestellt haben, schmerzt uns dies sehr. Wir empfinden Schmerz, Zorn und oft auch Schuld und Hoffnungslosigkeit.

Außerdem wollen wir irgendwie eingreifen, etwas unternehmen. Wir glauben, helfen zu können (und können es auch, sonst hätte ich dieses Buch nicht geschrieben). Schließlich haben wir unseren Kindern von klein auf geholfen, zwischen Richtig und Falsch, zwischen Leben und Tod zu unterscheiden. Warum nicht auch in dieser Situation? Außerdem, wenn wir nicht handeln, wäre dies mit Resignation und Aufgeben gleichzusetzen, was unsere elterliche Fürsorge verbietet.

Doch im Handeln liegt nicht unbedingt die Antwort. Manchmal müssen wir zurücktreten und Gott die Dinge überlassen. In all unserem Leid und in allen Versuchen, einen Ausweg für unsere abgeirrten Kinder zu finden, ist es oft das Schwerste, sich daran zu erinnern, dass Gott über den Umständen steht.

Beim Schreiben dieses Buches musste ich mich immer wieder an diese Tatsache erinnern. Fakten, Zahlen und Statistiken sind dabei sehr anschaulich und hilfreich. Sie helfen dem interessierten Leser, sich ein neutrales Bild von der Situation zu machen. Ich sammelte Informationen, las Artikel und zog Schlussfolgerungen.

Nicht etwa, dass ich leichtfertige Schlüsse ziehen wollte. Mir war die ganze Zeit über klar, dass es letztendlich Gott ist, der unser Leben und das ganze Universum in seiner Hand hält. Ich war jedoch so beschäftigt damit, ein Verhaltensmuster und die Gründe für eine Rückkehr zum Glauben herauszufinden, dass ich fast vergessen hätte, dass Gott in seiner Allmacht

Menschenherzen lenken kann. Er braucht uns dafür nicht.

Doch die Geschichten von Zurückgekehrten, welche von dem unerwarteten und oft sehr spektakulären Eingreifen Gottes sprachen, führten mir diese Wahrheit erneut vor Augen. In allen diesen Lebensberichten war Gott der entscheidende, handelnde Faktor. Manchmal bemerkten die Abgeirrten das Handeln Gottes kaum. Es zeigte sich in starker Enttäuschung und Kummer oder Gott handelte durch Freude und Glück im Leben dieser Menschen, wie z.B. durch die Geburt eines langersehnten Kindes. Wieder ein anderes Mal bewirkte eine unerwartete Heilung von einer Krankheit die Umkehr zu Gott. Menschen verspüren in solchen Augenblicken die Nähe Gottes.

In manchen Umständen wirkt Gott auf dramatischere Weise. Eine zerbrochene Beziehung oder ein Schicksalsschlag stellen das Leben des Umherirrenden sprichwörtlich auf den Kopf. Die Konfrontation mit dem Tod kann rebellische Selbstsicherheit oder eine stolze Lebenshaltung leicht ins Wanken bringen. Vergänglichkeit und Ewigkeit werden plötzlich zu sehr realen Begriffen. Die emotionale Verletzlichkeit und verstandesmäßige Aufrichtigkeit, welche oft mit solchen Erfahrungen einhergehen, bieten oft Zugänge, durch welche Gott in seiner Liebe und Barmherzigkeit zu dem Abgeirrten vordringen kann.

Die folgende Geschichte veranschaulicht sowohl das stille wie auch das dramatische Handeln Gottes im Leben von Menschen, welche sich von ihm abgewandt haben. Sie handelt von einer jungen Frau, die in einem christlichen Elternhaus aufwuchs und nicht den Anschein erweckte, einmal vom Glauben abirren zu können. Dennoch wandte sie sich sowohl von zu Hause wie auch von ihrem Herrn ab, doch nicht weit genug, um Gott wirklich entfliehen zu können. Am Ende löste die unerwartete Einladung und einfache Frage eines Freundes ihre Rückkehr zum lebendigen Christsein aus. Elaine Kindler wuchs in Neuengland zusammen mit drei Geschwistern in einem christlichen Elternhaus auf. Ihr Vater war eher zurückhaltend, wohingegen ihre Mutter ihren Glauben vorbehaltlos und radikal auslebte. Durch ihre übermäßige Gemeindeaktivität verausgabte sie sich so sehr, dass sie einen Nervenzusammenbruch erlitt, als Elaine dreizehn Jahre alt war.

Die emotionalen Probleme, die sich aus dem Zusammenbruch ihrer Mutter ergaben, veränderten Elaines Leben. Zusammen mit ihrem Bruder wurden sie eine Art Ersatzeltern für ihre jüngeren Geschwister. Der Vater, der mit seinen Sorgen und Verpflichtungen, insbesondere seiner emotional kranken Frau, überfordert war, zog sich mehr und mehr aus seiner väterlichen Verpflichtung zurück.

Doch so schwierig und verworren diese Probleme auch waren, sie stärkten Elaines Glauben, anstatt ihn zu schwächen. Während andere Teenager Glaubenskrisen durchlebten und die Gemeinde verließen, war Elaine ein standhaftes Zeugnis in ihrer Schule und ein Vorbild der Gnade Gottes zu Hause. Dann studierte Elaine in einer anderen Stadt. Es traten Umstände und Fragen in ihr Leben, welche ihren Glauben ins Schwanken brachten. Letztendlich wandte sie sich vom Herrn und allem, was ihr einmal in ihrem Leben so wertvoll war, ab. Das letzte Jahr ihres Studiums verbrachte Elaine in England. Inzwischen spielte sie bereits ein zermürbendes Doppelleben. Ihre christlichen Standpunkte waren zwar noch da, aber beeinflussten ihr tägliches Leben immer weniger. Wie sehr ihre Überzeugungen und ihr Handeln auseinander klafften, zeigte sich darin, dass sie kurz nach ihrem Universitätsabschluss schwanger wurde. Sie trieb das Kind ab.

Zerrüttet von einer Abtreibung und dem wachsenden Gefühl der Heuchelei und des Versagens, gab Elaine im Alter von zweiundzwanzig Jahren jegliche christliche Fassade auf und verhärtete ihr Herz gegenüber Gott.

Trotz ihres festen Entschlusses, dem Herrn Jesus und dem christlichen Glauben den Rücken zuzukehren, rang sie manchmal noch immer mit ihrem Glauben. »Der Geist Gottes ließ mich nicht los«, erinnert sie sich heute. Es sollten siebzehn Jahre vergehen, in welchen sie heiratete und geschieden wurde, bis sie zu Gott zurückkehren sollte. 1985 kehrte Elaine in die Vereinigten Staaten zurück und ließ eine zerbrochene Ehe und das Grab eines totgeborenen Sohnes aus dieser Verbindung in England zurück. Tief getroffen von dem Scheitern ihrer Ehe und dem Verlust ihres Sohnes, öffnete Elaine die Tür ihres Herzens gerade weit genug, um etwas Mitgefühl und Liebe von christlichen Freunden an sich heranzulassen. Eine davon war Jeanne, die Frau eines Gemeindeleiters. Sie lud Elaine zu einer christlichen Frauenfreizeit ein.

»Ich fuhr mit«, sagt sie, »aber innerlich sträubte sich alles in mir.« Elaine konnte nicht ahnen, dass sie eine Verabredung mit Gott haben würde. Ich lasse sie den Rest ihrer Geschichte selbst erzählen.

»Dottie, welche die Bibelarbeiten hielt, sprach über die Gotteskindschaft. Sie bat uns darum, mit den Herzen zuzuhören und darauf zu achten, was Gott uns sagen möchte. Ich konnte hören, wie Gott zu mir sagte: ›Ich liebe dich Elaine.‹ Der Gedanke daran war fast unerträglich.

Nach diesem abendlichen Vortrag gingen Jeanne und ich noch nach draußen. Jeanne fragte mich: ›Was ist los mit dir,

Elaine?‹ Ich sagte: ›Ich fühle mich, als ob ich hier stehe und versuche, mit meinem Finger einen Deich abzudichten. Wenn ich meinen Finger herausziehe, ertrinke ich.‹ Sie fragte: ›Ertrinken? Wodurch?‹ Ich antwortete: ›Ich weiß es nicht.‹ ›Ich glaube‹, entgegnete Jeanne, ›dass Du in der Liebe Gottes ertrinkst.‹«

Dann kam der Moment der Wahrheit. Geleitet durch den Geist Gottes stellte Jeanne eine einfache Frage, welche Elaines lange, schmerzvolle Reise beenden sollte: »Wenn ich hier bei dir bleibe, wenn du den Finger aus dem Deich ziehst«, fragte Jeanne sanft, »wirst du es dann wagen?«

Elaine erinnert sich, dass sie in diesem Augenblick nur eins fühlte.

»Ich hatte panische Angst. All die Jahre lang hatte ich meine ganze Energie aufgewandt, diese Mauer um mich herum aufrechtzuerhalten, ohne je zu erkennen, was auf der anderen Seite war. Doch schließlich zog ich einfach meinen Finger aus dem Deich und die Liebe Gottes überströmte mich. Ich fühlte mich gewaschen und rein. Gott rief mich zurück zu sich selbst und zu einem christusorientierten Leben.«

Elaines Geschichte der Rückkehr ist sowohl einfach wie auch tiefgründig: ein Freundschaftserweis, eine Frage und eine Antwort. Damit endeten die Jahre des Weglaufens und es begann ein neues Leben in Christus.

Elaine steht heute im vollzeitlichen christlichen Dienst und wird bald in der Verantwortung für ein Glaubenswerk stehen, welches sich für den Schutz des ungeborenen Lebens einsetzt.

Wie erstaunlich, doch andererseits auch verständlich, dass sie sich für den Schutz der Ungeborenen engagiert, wo doch die Abtreibung ihres eigenen Kindes die Verhärtung ihres

Herzens gegenüber Gott ausgelöst hatte. Dieser Gott, der sie nicht losgelassen hat, während sie umherirrte, leitet sie auch heute in ihrer Arbeit.

Der Geist Gottes hat wieder neu vom Leben Elaine Kindlers Besitz ergriffen. Sie ist der lebendige Beweis der unfehlbaren, suchenden Liebe Gottes gegenüber seinen abgeirrten Kindern. Dieser Gott liebt die Barmherzigkeit, er vergibt Sünde und steht zu seinen Verheißungen. Ein Gott, der seinen Kindern Mitgefühl und Liebe zeigt (Mi 7,18-19).

Diesem Gott ist nichts zu schwer.

KAPITEL 12

Wer ist hier der Chef?

Als er aber den starken Wind sah, fürchtete er sich.
(Mt 14,30)

Die meisten Christen glauben, dass Gott unser Leben, diese Welt und damit auch alles, was uns widerfährt, in seiner Hand hält. Der Aussage: »Gott weiß alles und nichts ist ihm zu schwer« würden wir sofort zustimmen. Gottes Gedanken sind weit über unseren Gedanken und seine Wege entziehen sich unserem Verstand. Es ist unmöglich, ihn hinters Licht zu führen oder ihn zur Resignation zu bringen. Der Chor der Israeliten sang inbrünstig: »*Kommt und seht die Großtaten Gottes! Furchtbar ist sein Tun gegenüber den Menschenkindern. Er wandelte das Meer in trockenes Land: durch den Strom gehen sie hinüber zu Fuß. Dort haben wir uns an ihm gefreut. Durch seine Macht herrscht er auf ewig; seine Augen beobachten die Nationen, dass die Widerspenstigen sich nicht erheben*« (Ps 66,5-7).

Dies sind sicherlich wunderbare und tiefgehende Worte. Aber warum spüren wir oft so wenig von dieser Allmacht Gottes, wenn es um die Probleme unserer in die Irre gegangenen Kinder geht? Wer ist hier der Chef? Der allmächtige Gott oder das sich selbst überhebende, widerspenstige Kind?

Dies ist eine ernste Frage, die sich wahrscheinlich jeder, dessen Kind vom Glauben abgeirrt ist, schon einmal gestellt hat. In solchen Situationen scheinen sich unsere geistlichen Überzeugungen und unsere persönlichen Erfahrungen zu widersprechen. Man stellt sich die Frage, was aus einem solchen destruktiven und vergeudeten Leben eines abgeirrten Menschen denn überhaupt Positives herauskommen kann. Und doch hält Gott die Dinge immer noch in seiner Hand. Ihn kann nichts überraschen und es geschieht nichts, was er nicht plant oder zulässt. *»Alle Dinge«*, sagt der Apostel Paulus völlig unzweideutig, *»wirken denen, die Gott lieben, zum Guten, denen, die nach seinem Vorsatz berufen sind«* (Röm 8,28). Wenn wir diesen Bibelvers nicht festhalten, dann lassen wir damit auch unsere Hoffnung auf die einzige Rettung aus diesen Sorgen fallen. Doch was noch schlimmer ist, wir liefern uns damit unseren Lebensumständen aus, welche mit absoluter Sicherheit nicht von uns aus kontrollierbar sind.

Manchmal sind wir versucht anzunehmen, dass Gott zwar die Dinge im Allgemeinen in seiner Hand hält, aber nicht die besonderen Situationen unserer vom Glauben abgeirrten Kinder. Wie kann Gott überhaupt etwas in ihrem Leben bewirken, wo sie doch an geistlichen Dingen keinerlei Interesse haben? Doch diese Vorstellung von einem nur zum Teil allmächtigen Gott wird uns nicht helfen. Wenn Gott nicht wirklich alle Dinge in seiner Hand hält, dann liegt es an uns, zu unterscheiden, welche Situationen von ihm geführt sind und welche nicht. Damit machen wir uns selbst zu Gott, indem wir entscheiden, wo Gottes Ziele und Pläne erreicht und wo sie vereitelt werden.

Dieses Problem kann nur gelöst werden, wenn wir die schlichte Aussage der Bibel, dass Gott über die gesamte Erde herrscht, vorbehaltlos anerkennen. Gott sieht und weiß alles. Alles, was geschieht, ist von ihm gelenkt oder zugelassen. Unser Gott ist hoch erhoben und seine Herrlichkeit erfüllt die Erde. Seine Herrschaft, Weisheit und Macht sind vollkommen.[1]

Dr. J. I. Packer spricht diese Zwiespältigkeit an, die viele von uns empfinden, wenn Erfahrungen unseren Überzeugungen entgegenstehen. Das wahre Problem liegt darin, so Dr. Packer, dass wir viel von Gott wissen, aber Gott nicht wirklich kennen. Er sagt:

Wir müssen uns selbst gegenüber in diesem Punkt aufrichtig sein. Wir sind rechtgläubige Christen, die falsche Lehre oft schon von weitem erkennen. Wir können das Evangelium eindeutig darlegen. Wenn uns jemand fragt, wie man Gott kennen lernen kann, so haben wir die Antwort sofort parat: Man kommt nur durch den Herrn Jesus Christus zu Gott, durch sein stellvertretendes Opfer am Kreuz. Gottes Wort verheißt uns, indem wir unser Vertrauen darauf setzen, dass wir durch die Kraft des Geistes Gottes ewiges Leben bekommen.

Dennoch findet man Güte und geistliche Klarheit als Erkennungszeichen solcher, die Gott persönlich kennen gelernt haben, bei uns oft seltener als in anderen christlichen

Kreisen, wo evangelikale Grundwahrheiten weniger deutlich bekannt sind. Auch hier scheint das Letzte zuerst zu kommen und das Erste zuletzt. Gott ein wenig zu kennen, ist weit mehr wert als viel Wissen *über* Gott zu haben.[2]

Der Anfang dieses erfahrungsmäßigen Kennenlernens Gottes, so zeigt Dr. Packer einfühlsam und deutlich auf, liegt darin, Gott zu achten und anzuerkennen. Mehr Lehre, tieferes Bibelstudium und längere Gebete, so gut diese Dinge an sich auch sein mögen, nützen wenig, Gott besser kennen zu lernen, wenn wir uns nicht zuerst innerlich vor ihm gebeugt haben. »Erst wenn wir im Lichte der Heiligkeit und Allmacht Gottes demütig und belehrbar geworden sind und nicht auf unseren eigenen, begrenzten Verstand vertrauen«, mahnt Dr. Packer, »werden wir wirklich erfahren, was göttliche Weisheit ist.«[3]

Dieser eine Satz kann für viele von uns zu einem gewaltigen Sprung werden. Wir stimmen Packer zu. Aber lassen wir uns auch an diesem Maßstab der Ehrerbietung gegenüber Gott messen? Wenn unsere Kinder weit entfernt vom Reich Gottes leben, obwohl wir es ihnen aufrichtig nahe bringen wollten, fällt es uns wahrscheinlich besonders schwer, bewundernd vor der Allmacht Gottes zu stehen. Der Schmerz ist sehr real, und hochgestochene geistliche Ziele sind nicht unbedingt das, wonach wir in solchen Momenten streben.

Auch ist es schwierig, wenn nicht sogar unmöglich, auf Demut und Belehrbarkeit bedacht zu sein, wenn uns unser zerbrochenes Herz und unsere zerrütteten Gefühle ständig an unsere Probleme erinnern. Der Schmerz über ein in die Irre gegangenes Kind heilt im Gegensatz zum Leid über eine Scheidung oder den Tod eines geliebten Menschen nicht irgendwann. Vielmehr bleibt und wächst dieses Gefühl im Laufe der Wochen, Monate und Jahre und bringt eine ständig steigende Erwartung hervor.

Irgendwann ist der Punkt erreicht, wo wir eine Entscheidung treffen müssen, wie wir mit unseren Sorgen und Problemen umgehen wollen. Wir können diese Entscheidung still in unserem Inneren oder in unserem gefühlsmäßigen Aufgewühltsein öffentlich treffen, doch wir kommen an ihr nicht vorbei.

Wollen wir mit unserer Unsicherheit und unserem Schmerz über ein Kind ringen, welches unserem Glauben abgesagt hat? Oder wollen wir uns dem allmächtigen Gott unterwerfen, der über alles Leben herrscht, und die Sache völlig Gott überlassen? Völlig. Nicht mehr und nicht weniger.

Gibt es einen Christen, der daran zweifeln könnte, welche Antwort wohl die richtige ist? Sie bedeutet Unterordnung gegenüber Gott und sie verlagert die Aufgabe, um gewinnen zu können. Wenn wir dies nicht tun, werden uns unsere Sorgen und Ängste geistlich und gefühlsmäßig erdrücken. Der Herr, unser Gott, kennt den Anfang vor dem Ende. Nur er kann Frieden und Trost geben, die nötig sind, damit wir unseren Weg vertrauensvoll im Wissen gehen können, dass Gott trotz aller Umstände zum Ziel kommen wird.

Catherine Marshall, eine bekannte christliche Schriftstellerin, spricht erfrischend ehrlich über ihren inneren Kampf mit Gott, als ihre Enkeltochter starb. Das Gefühl des Verlustes und die Enttäuschung gegenüber Gott waren so überwältigend, dass sie sich zornig und deprimiert von dem Gott abwandte, der so etwas zuließ. Ihr Kummer war um so größer, weil sie gebetet und darauf vertraut hatte, dass Gott das Kind heilen würde. Es fiel ihr nun schwer, zu beten oder die

Bibel zu lesen, und manchmal war sie überhaupt nicht dazu in der Lage. Sie hatte Schwierigkeiten, selbst mit ihrem Mann oder anderen Menschen, die ihr Trost spenden wollten, über ihren Schmerz zu sprechen. Das Leben schien Sinn und Ziel verloren zu haben.

Lesen wir ihre eigenen Worte:

Ich bin innerlich vertrocknet und einsam, unfähig, irgend-etwas zu bewältigen. Selbst die alltäglichen Dinge des Lebens fallen mir schwer. Dies ist mehr als eine der geist-lichen Dürren, die ich schon vorher erlebt habe, ohne die Gegenwart Gottes zu verlieren. Dies hier ist Finsternis und Tod. Es betäubt auf eine furchtbare Weise und lässt dich kalt und gleichgültig werden. Man tut Dinge und sagt Worte, von denen man genau weiß, dass man dies nicht sollte. Beängstigend![4]

Als Wochen und Monate verstrichen, glitt Catherine Marshall immer weiter in Depression und Verzweiflung. Doch dann durchbrach ein Lichtstrahl die Finsternis. Eines Tages, als sie Jesaja 53 las, stachen ihr die Leiden Jesu ins Auge.

Ich hatte diesen Abschnitt schon oft gelesen, aber er hatte mich noch nie so angesprochen, insbesondere der Vers 10. Gott ließ seinen eigenen Sohn leiden, aber all dies war Bestandteil eines guten Plans. Es war mehr als gut, es war vollkommen, wie nur etwas von Gott sein kann. Für die Zukunft der menschlichen Rasse war es von unsagbarer Wichtigkeit, dass Jesus Christus diese Finsternis am Kreuz durchleben musste. Doch welch eine unglaubliche

Dunkelheit muss es für ihn gewesen sein, als er ausrief: ›Mein Gott, mein Gott, warum hast du mich verlassen?‹[5]

Dann kam Catherine zu einer Einsicht, die sie freimachte. Wenn das Leben uns vor Situationen stellt, die wir nicht verstehen, dann haben wir nur zwei Möglichkeiten. Wir können uns getrennt von Gott in unserem eigenen Leid wälzen. Oder wir können Gott sagen: »Ich brauche dich und deine Gegenwart in meinem Leben. Dies ist wichtiger, als die Situation verstehen zu wollen. Ich möchte mich für dich entscheiden Herr. Ich vertraue darauf, dass du mich dann die Situation verstehen lässt, wenn du es für angemessen hältst.«[6]

Catherine Marshall entschloss sich, Gott zu vertrauen. Sie nahm die Geschehnisse als Gottes Plan an, so schmerzlich sie auch waren und versuchte nicht länger, sie selbst verstehen zu wollen. Dieser leidvollen Erfahrung folgten die zehn fruchtbarsten Jahre ihres Dienstes und Schreibens. Ihre Kapitulation gegenüber Gott eröffnete großen Segen in ihrem eigenen Leben und dem vieler anderer.

Mit Sicherheit wird es immer wieder Momente geben, wo uns die Traurigkeit überwältigt oder unser Glaube strauchelt. Wir mögen manchmal nachts aufwachen, um unsere umherirrenden Kinder weinen und uns zweifelnd fragen, ob Gott unser Kind wirklich zurückholen wird. Der Schmerz wird immer noch da sein. Doch tief in unseren Herzen werden wir Frieden und Zuversicht haben, dass Gott in unserem Leben und dem unserer Kinder zu seinem Ziel kommt.

Als Petrus anfing zu sinken, schrie er und sprach: Herr, rette mich! Sogleich aber streckte Jesus die Hand aus, ergriff ihn und spricht zu ihm: Kleingläubiger, warum zweifelst du? Und als sie in das Boot gestiegen waren, legte sich der Wind. Die aber in dem Boot waren, warfen sich vor ihm nieder und sprachen: Wahrhaftig, du bist Gottes Sohn! (Mt 14,30-36)

KAPITEL 13

Kinder in fragwürdigen Gemeinden

W enden sich unsere Kinder vom Glauben ab, wenn sie sich einer Kirche anschließen, die sich zwar als christlich ausgibt, aber sektiererische Züge aufweist? Wie verhalten wir uns, wenn unser Kind, welches in einer evangelikalen Gemeinde aufwuchs und sich als Christ bezeichnet, sich plötzlich weigert, an familiärer Gemeinschaft teilzunehmen? Wir mögen im letzten Jahr dramatische Veränderungen im Leben des Kindes wahrgenommen haben und alles deutet auf ein Verlassen des Glaubens hin. Ist dies wirklich so?

Ich möchte an dieser Stelle die Geschichte von David und Dottie erzählen, einem gläubigen Ehepaar, deren Tochter sich einer Gemeinde anschloss, welche zwar alle grundlegenden christlichen Lehren vertritt, aber in ihrer Organisationsstruktur und ihrem Verhalten sektiererische Tendenzen aufweist. Ganz gleich, welche Diagnose wir stellen - abgeirrt oder nicht -, diese Geschichte gibt uns einen wertvollen Einblick in einen wenig bekannten Bereich der Abwendung vom Glauben.

David und Dottie sind ein Ehepaar im vierten Lebensjahrzehnt aus einer nahegelegenen evangelikalen Gemeinde. Ich würde sie beide als geistlich reife Menschen bezeichnen, die sich durch ihr gesamtes Eheleben hindurch stark in der Gemeinde engagierten.

Bis auf einen markanten Punkt unterscheidet sich die Geschichte ihrer Tochter wohl kaum von anderen Teenagern, die in einem gläubigen Elternhaus aufwuchsen und irgendwann geistlich abdrifteten. Doch in diesem Fall verließ das Mädchen ihre Heimatgemeinde, um sich einer Organisation anzuschließen, welche sich als christlich bezeichnet, aber durch ihr Handeln eine Entfremdung gegenüber den eigenen Eltern und Freunden aus der alten Gemeinde fördert.

Der Mittelpunkt dieser Geschichte ist Charis, ein nettes junges Mädchen, die von ihren Eltern gute Manieren und Begabungen mit auf den Weg bekommen hat. In der Schule war sie eine Musterschülerin und an der Universität bekannt für ihr christliches Engagement auf dem Campus.

Während ihrer Studienzeit sorgte sich Charis immer mehr um die mangelnde geistliche Hingabe ihrer Eltern, was verwunderlich ist, wenn man ihre Eltern kennt. Charis widerstrebte besonders der ihrer Meinung nach bei ihren Eltern vorhandene Materialismus.

Ihr Vater war ein erfolgreicher Geschäftsmann und ihre Familie war immer wohlhabend gewesen. So wuchs sie in einem geräumigen Einfamilienhaus in der gehobenen Mittelklasse auf. Sie hatte immer gute Kleider und musste beim Einkaufen nie auf die Preise achten. Der Zweitwagen der Familie stand ihr immer zur Verfügung, bis sie selbst einen kleinen Neuwagen bekam.

Dass ihr Vater den Zehnten von seinem Einkommen gab und darüber hinaus noch großzügig für Missionare spendete, beeindruckte Charis wenig.

Nach Ende ihres Studium traf sie auf eine größtenteils aus jungen Erwachsenen bestehende Gruppe, die sich Ziele setzten, wie Charis sie noch nie zuvor erlebt hatte. Diese Menschen waren an fast jedem Wochentag mit christlichen Aktivitäten beschäftigt. War dies nicht ein Glaubenszeugnis? Die jungen Leute waren radikal, furchtlos und direkt. Doch das Erstaunlichste war, dass sie fast ihr gesamtes Geld für das Werk des Herrn gaben, was in dem Fall ihre Gemeinde war. Viele Gemeindeglieder lebten auf Grund der Hingabe an die Gemeinde an der Armutsgrenze. Nachdem Charis diese Gemeinde einige Male besucht hatte, entschloss sie sich, ihr beizutreten.

David und Dottie machten kein großes Aufsehen über den Gemeindewechsel ihrer Tochter. Auch sie selbst hatten nach ihrer Heirat die Gemeinde gewechselt. Doch bald darauf erkannten sie, wie sehr sich ihre Tochter der Führung dieser neuen Gemeinde und ihren Forderungen verschrieben hatte. Charis hob ihre gesamten Ersparnisse von der Bank ab und gab sie ihrer Gemeinde. Dies sprach natürlich von Opferbereitschaft, aber die Art und Weise, wie sie dabei vorging, war erschreckend und fast mechanisch. Es gab keine Diskussion. Es war ihr Geld und sie hatte entschieden, alles davon Gott zu geben.

Mit der Zeit wurde Charis' Hingabe an diese Gruppe so

extrem, dass sie sich von ihren Eltern zurückzog. Dies war für Dottie und David so beängstigend und schmerzlich, dass sie nach Hilfe suchten. Doch zu diesem Zeitpunkt war es bereits zu spät. Charis war so sehr in die Aktivitäten der Gruppe verstrickt, dass sie ihre Eltern und ihre alte Gemeinde nur noch als ihre geistliche Vergangenheit ansah.

Als ich mit David und Dottie über die Angelegenheit sprach, zeigte sich bereits die tiefe Sorge, die Eltern befällt, wenn ihre Kinder dem Glauben den Rücken zukehren. Auch wenn sie ihre Tochter nicht als vom Glauben abgeirrt ansahen, so durchlebten sie doch den gleichen Schmerz. Sie wurden von Schuldgefühlen, Selbstzweifeln und nagenden Fragen gequält. Was haben wir falsch gemacht? Was sollen wir jetzt tun? Was wird aus unserer Tochter werden?

Die Situation dieser Familie hat sich bis heute nicht grundlegend geändert, nur dass Charis inzwischen mit einem jungen Mann aus dieser Gemeinde verheiratet ist. Sie steht weiterhin überzeugt hinter ihrer Gruppierung und obwohl sich die Beziehung zu ihren Eltern gebessert hat, ist ihr Standpunkt zu ihrer alten Gemeinde immer noch der gleiche.

Damit bleibt auch die eingangs gestellte Frage. Ist Charis - oder andere Söhne und Töchter in ähnlichen Umständen - vom Glauben abgeirrt?

Ich denke nicht. Im Fall von Charis jedenfalls nicht. Nach ihrer eigenen Aussage bezeichnet sie sich als Christ. Ihr Lebenswandel ist christlich. Und ihre Gemeinde, welch merkwürdige Ansichten sie auch vertreten mag, lehrt die grundlegenden Wahrheiten des christlichen Glaubens. Deshalb wäre es nicht richtig, sie als vom Glauben abgeirrt zu bezeichnen.

Sicherlich macht diese Feststellung David und Dottie es

nicht leichter, noch nimmt es ihnen die Sorge um den blinden Gehorsam ihrer Tochter dieser Gruppe gegenüber. Ich stimme mit ihnen überein, dass in dieser Sache irgendetwas faul ist. Auch wenn diese Gemeinde anscheinend christliche Grundprinzipien vertritt, gibt es doch Dinge, die eine genauere Beurteilung erfordern.

Doch bevor wir uns näher mit dieser Sache beschäftigen, möchte ich noch einmal festhalten, dass Charis nicht den christlichen Glauben verworfen hat. Ihre Beziehung zu ihren Eltern ist angespannt und sie hat sich innerlich von ihnen und ihren bisherigen christlichen Freunden entfernt. Aber sie hat sich nicht von Gott entfernt noch lebt sie in Sünde (soweit wir dies als Außenstehende beurteilen können).

Ich sehe Charis lieber in ihrer gegenwärtigen Umgebung, als wenn sie wirklich vom Glauben abgeirrt wäre. Zumindest liest und hört sie das Wort Gottes regelmäßig und ist unter christlichem Einfluss, wenngleich dieser auch stark kontrollierend wirkt. Ihr Verstand und ihr Herz sind Gott und dem Heiligen Geist gegenüber offen. Meiner Meinung nach ist dies viel besser, als wenn Charis eine rebellische Tochter wäre, die nichts mit Gott und christlicher Gemeinschaft zu schaffen haben wollte. Ihre Umstände sind weitaus besser, als wenn sie Drogen nehmen oder sich wie viele Abgeirrte einfach herumtreiben würde.

Ein Freund von mir, dem ich dieses Kapitel zur Durchsicht gab, widerspricht mir in diesem Punkt. Er ist der Meinung, dass Gott den hartgesottensten Rebellen besser erreichen kann als Menschen, die in Halbwahrheiten verstrickt sind. Ihre Blindheit ist umso größer, weil sie glauben, dass sie die Wahrheit besitzen und den anderen im Bibelverständnis und Glaubensleben voraus sind. Es sei auch für Eltern einfacher, mit einer völligen Auflehnung umzugehen als mit einer schleichenden, geistlichen Entfremdung. Dies ist sicherlich ein Grund, warum Dottie und David über das Verhalten ihrer Tochter so betrübt sind. Sie sehen ihr Durcheinander, sie fühlen den Verlust ihrer persönlichen und geistlichen Freiheit. Wahrscheinlich sehen sie noch weitere größere Gefahren lauern. Obwohl ich ihre Sorgen teile, bin ich doch weiterhin überzeugt, dass jemand wie Charis mit ihrer Gemeinde in einer besseren Situation ist als jemand in völliger Auflehnung. Sie ist kein Abgeirrter noch scheint es so, dass sie über ihre momentanen Überzeugungen hinaus abdriften wird, soweit das ihr Verständnis vom Christentum betrifft. Sicherlich gibt es einige besorgniserregende Dinge, die wir uns nun näher anschauen wollen.

Das wahre Problem in Charis Geschichte ist nicht ihre Entfremdung von ihrer Familie und ihrer früheren Gemeinde. So traurig und schmerzhaft dies für alle Beteiligten auch sein mag. Ihre Schwierigkeiten sind auch nicht lehrmäßiger Art. Soweit ich das beurteilen kann, erscheinen mir ihre Überzeugungen recht biblisch. Charis wirkliches Problem ist der Verlust ihrer persönlichen und geistlichen Freiheit. Ihr Leben sowie das der anderen Gemeindeglieder wird größtenteils von ihrem Gemeindeleiter kontrolliert. Als starke, autoritäre Persönlichkeit lässt er keine gegensätzliche Meinungen zu. Sein scharfer Verstand, seine Redegewandtheit und sein ausgezeichnetes Bibelwissen geben seinen Aussagen einen Anstrich der Vollmacht, was wenig Raum für Fragen oder Zweifel lässt.

Charis ist gefangen, sie trifft keine echten geistlichen Entscheidungen mehr. Und obwohl sie das nicht merkt, ist ihr geistliches Leben nicht wirklich mehr ihr eigenes. Sie tut genau das, was ihr gesagt wird. Dabei ist sie davon überzeugt, dass sie im Glauben und in der Erkenntnis Gottes wächst, aber in Wahrheit wird sie nur den Vorstellungen und Wünschen ihres Leiters und ihrer Gemeinde gerecht.

Erkennen wir, in was sich diese junge Frau verstrickt hat? Wenn sie bereit ist, ihre persönliche und geistliche Freiheit so weit aufzugeben, steht sie in der Gefahr, auch die wenige Freiheit, die sie noch besitzt, ebenfalls zu verlieren. Diese Möglichkeit könnte noch ernstere Konsequenzen mit sich ziehen. Der erschreckende Film, welcher David Koresh mit geöffneter Bibel in der Hand vor seiner »Spross David Gemeinde« zeigt, ist Beweis genug, wie die Bibel auf falsche und diabolische Weise missbraucht werden kann. Wenn dies geschieht, stehen die Aufrichtigsten und Hingegebensten in der größten Gefahr.

Zum Glück ist die Gemeinde, welcher Charis angehört, keine Sekte. Was auch immer ihre Probleme sein mögen, sie vermitteln kein falsches Christentum. Ihr Gemeindeleiter vertritt bibeltreue christliche Lehre, wenn es um die Person und das Werk Jesu Christi, die Dreieinigkeit, Sünde, Erlösung und die Autorität der Bibel geht. Die Gemeinde ist weder verschlossen noch entzieht sie sich der Gesellschaft. Ihre Türen sind jeden Sonntag geöffnet und jeder kann kommen und gehen, wann er will.[1]

Doch leider hat die Gemeinde von Charis einige Merkmale, welche der Sektenspezialist Ronald Enroth eine »missbrauchende Gruppierung« nennt. Was ist das? Es sind Gemeinden oder Gruppen, die geistliche Autorität missbrauchen, Starrheit fördern, Gesetzlichkeit betonen und übermäßige Zucht ausüben. Diese Gemeinden sehen sich selbst als etwas Besonderes an und sie gebrauchen Schuld, Furcht und Drohungen, um ihre Mitglieder zu kontrollieren und von Fragen abzuwenden. Letztlich ist es schwierig, eine solche Gemeinde zu verlassen. Wenn man einmal in ihrem System ist, ist es gefühlsmäßig schwer, wieder herauszukommen, egal, wie offen die Türen erscheinen.[2] Enroths Buch befasst sich größtenteils mit Gruppierungen, die eindeutig missbrauchend sind. Ich persönlich würde eine Unterscheidung zwischen Gemeinden machen, die ihre Mitglieder leicht kontrollieren, bis hin zu solchen, die sie schwer missbrauchen. Einige Gemeinden, die sich selbst als christlich bezeichnen und lehrmäßig bibeltreu sind, kränkeln in ihrer Struktur und ihren Beziehungen.

Stark missbrauchende Gemeinden trennt nur ein schmaler Grad von einer Sekte. Deshalb müssen gläubige Eltern sich so viel Hintergrundwissen wie möglich über solche Gruppierungen aneignen. Sie müssen wissen, was zu tun ist, um ihre Kinder davor zu bewahren, sich solchen Gruppen anzuschließen. Es gibt reichlich Materialien und Literatur, welche helfen, eine missbrauchende Gemeinde wie auch Sekten und Irrlehren zu erkennen und aufzudecken.[3]

In alldem ist es jedoch wichtig, sich daran zu erinnern, dass unsere Kinder ihre Entscheidungen in Bezug auf Gemeindewahl und christliches Leben letztendlich selber treffen müssen. Wir können ihnen diese Entscheidung nicht abnehmen. Wenn unsere Kinder sich nur uns zuliebe und nicht aus innerer Überzeugung von solchen Gruppierungen trennen, haben sie noch nicht verstanden, warum sie sich ihr überhaupt angeschlossen haben und worin die Gefahren liegen.

Man muss hier sehr vorsichtig sein. Nicht jede Gemeinde, die starke Autorität ausübt, ist missbrauchend. Klare Definitionen und fundierte Informationen sind nötig. So ist es zum Beispiel nichts Ungewöhnliches, dass eine geistlich gesunde Gemeinde einen Gemeindeleiter hat, der sehr viel Vollmacht ausstrahlt. Vielleicht gefällt uns seine Art nicht, aber andere, unsere Kinder vielleicht eingeschlossen, sind davon angesprochen. Ein vorschnelles Urteil über solch eine Gemeinde kann die Beziehung zu unseren Kindern stark belasten.

Was können Eltern denn Konstruktives tun, wenn sie überzeugt sind, dass ihr Sohn oder ihre Tochter in eine missbrauchende Gemeinde verwickelt ist? Ich möchte einige Strategien vorschlagen, die sowohl unsere Einstellung wie auch unser Handeln betreffen.

Zuerst sollten wir versuchen, ihnen eine Brücke zu bauen. Dazu ist es nötig, dass wir einfach aufhören, unsere Sorgen über ihre Gemeinde auszudrücken. Auch wenn wir die Situation innerlich noch nicht verwunden haben, sollten wir dennoch nicht mit ihnen darüber reden. Zeigen wir unseren Kindern vielmehr Liebe und Anerkennung. Wir sollten offen und freundlich und über alles andere als das Thema Gemeinde sprechen. Es geht darum, die Beziehung zu unseren Kindern zu pflegen und aufzubauen.

Zweitens sollten wir dem Umfeld genauso viel Aufmerksamkeit wie dem Inhalt schenken. Dies mag sich zuerst merkwürdig anhören, aber es ist ein wichtiger Punkt[4], der in der Missionsarbeit als Kontextualisierung bezeichnet wird. Man versucht, die Kultur, die Gefühle und Denkstruktur der Person, welche man erreichen will, zu verstehen, um klar und verständlich mit ihr kommunizieren zu können. Im Falle von Kindern, die in missbrauchende Gemeinden verstrickt sind, wissen unsere Kinder wahrscheinlich mehr über unsere

Gemeinde, unsere Überzeugungen, Maßstäbe und unseren Lebensstil als wir über die ihren. Sie wissen sehr gut, was wir von ihnen erwarten, haben sich aber für einen anderen Weg entschieden. Nun ist es an der Zeit, dass wir diese Entscheidung besser verstehen lernen, damit wir einfühlsam und verständnisvoll mit ihnen darüber reden können.

Bieten wir ihnen an, mit ihnen zu ihrer Gemeinde zu gehen! Dieses Angebot wird unseren Kindern helfen, ihre Gemeinde einmal mit unseren Augen zu sehen, ohne dass Sie auch nur ein Wort zu sagen brauchen. Sie werden in der Veranstaltung sitzen und sich die ganze Zeit über fragen, was wir wohl denken. Unsere Gefühle und Überzeugungen kennen sie ja bereits. Eventuell fragen sie uns hinterher beim Essen oder bei einer anderen Gelegenheit, was wir über ihre Gemeinde denken. Dann haben wir die Gelegenheit, das zu sagen, was wir die ganze Zeit über sagen wollten.

Drittens sollten wir mit offenen Karten spielen und auch keinen Druck ausüben. Meist lassen sich Menschen nicht aus ihren religiösen Überzeugungen heraus manipulieren. Es ist vielmehr wichtig, ihre Persönlichkeit anzuerkennen und in Liebe zu reagieren, anstatt zu belehren.[5] Elkins, der selbst einmal der Moon-Sekte angehört hat, ist der Autor des Buches »Himmlische Verführung«, das seine Verstrickung in und Befreiung aus der so genannten »Vereinigungskirche« beschreibt. Elkins geht sowohl aufrichtig als auch besonnen an dieses Thema heran und beschreibt dennoch klar die Gefahren einer Sekte und wie Eltern ihren Kindern aus einer solchen Organisation heraushelfen können.

Üblicherweise verlassen Menschen dann eine sektiererische Gruppierung, wenn sie die Fehler, das Versagen und die

Probleme dieser Organisation erkennen. Deshalb sind Manipulationen wie auch alles gute Zureden sinnlos. Geradlinigkeit, Offenheit und Ehrlichkeit sind die besten Methoden. Zusammen mit Liebe und Fürsorge wird dies mehr im Leben unserer in fragwürdige Gruppierungen verstrickten Kinder bewirken als aller Druck und Streit.

Und schließlich sollten wir uns Zeit nehmen. Missionsstrategen mahnen heute, dass der größte Fehler, den westliche Missionare in der Vergangenheit begangen haben, ein zu schnelles Vorgehen war. Eine effektive Vermittlung des Evangeliums setzt voraus, dass wir nicht einfach wichtige Schritte in diesem Prozess überspringen. Dies gilt insbesondere dort, wo komplexe kulturelle Situationen vorhanden sind, die erst verstanden werden müssen, bevor das Ziel erreicht werden kann.[6] Unser natürliches Bestreben ist zu drängen, und damit eilen wir dem Wirken Gottes manchmal voraus. Befürchtungen und Druck von Freunden drängen uns oft zur Eile, können aber in solchen Situationen unter Umständen großen Schaden hervorrufen.

Gläubige früherer Generationen beschrieben das bedächtige und vertrauensvolle Herangehen an den christlichen Dienst als »Ruhen im Herrn«. Vielleicht hört sich dies klischeehaft an, aber es ist ein wichtiger geistlicher Rat, besonders, wenn es um Kinder geht, die in Sekten oder missbrauchenden Gemeinden verstrickt sind.

Als Eltern sollten wir bedächtig an eine solche Situation herangehen und dabei im Herrn ruhen. Gott liebt unsere Kinder mehr als wir und in seiner Allmacht wirkt er in ihrem Leben, auch wenn die Umstände noch so hoffnungslos erscheinen.

KAPITEL 14

Verständnis und Hilfe
für erwachsene Abgeirrte

Dr. Knowe war ein typischer Universitätsprofessor mit dicken Brillengläsern und leicht zerstreutem Blick. In seinem Büro hing ein Diplom, welches auf seinen Doktortitel der Theologie verwies, und bald würde er noch einen zweiten Doktortitel der Philosophie besitzen. Man erzählte sich beeindruckt in der Universität, dass Dr. Knowe mindestens drei Bücher pro Woche verschlang. Dieser Mann hatte an der gesamten Universität einen Ruf von akademischer Autorität. Aber die Vorstellung, dass ein Dozent mit vollem Lehrplan auch noch wöchentlich drei Bücher lesen könnte, ließen Zweifel aufkommen. Das war einfach unmöglich. Doch selbst der größte Zweifler unter den Studenten musste sich bald eines Besseren überzeugen lassen. Dr. Knowe las immer. Beim Warten auf das Mittagessen, vor der Andacht, während er im Auto saß und bei jeder sich bietenden Gelegenheit. So seltsam es sich auch anhören mag, er las sogar, wenn er über das Universitätsgelände ging.

Wie man vielleicht schon vermutet, lehrte Dr. Knowe größtenteils anspruchsvolle Kurse, wo er sein geballtes Wissen an junge, aber ernsthafte Theologen weitergeben konnte, die kurz vor ihrem Abschluss standen. Der Theologiegrundlagenkurs bildete die einzige Ausnahme. Dieser Kurs musste von allen Theologiestudenten im ersten Semester belegt werden und Dr. Knowe bestand darauf, dieses Fach selbst zu unterrichten, wahrscheinlich um seinen Studenten einen Einblick in die Freude eines 5-jährigen Theologiestudiums zu geben.

Der Lehrplan (oder die Allmacht Gottes) sah es vor, dass ich mich in meinem ersten Semester im Theologiegrundlagenkurs von Dr. Knowe wiederfand. Der Professor saß in seinem Stuhl und las ein Buch, bis die Unterrichtsglocke läutete. Dann sah er sah sich die Zusammenstellung von theologischen Neulingen an. Er stand auf, ging langsam auf sein Pult zu und ohne Vorwarnung öffnete er ein neues Kapitel in meinem Leben.

Ich hatte erwartet, dass er mit einem Gebet beginnen würde. Stattdessen sagte er einfach: »Dies ist der Theologiegrundlagenkurs. Ich erwarte von ihnen in diesem Fach, sowohl mitzudenken wie auch Fakten auswendig zu lernen.« Er hielt inne, um uns das Gesagte aufnehmen zu lassen, und fuhr dann fort: »Fakten sind die Grundlagen unseres Glaubens. Deswegen müssen Sie diese Fakten kennen. Doch wenn Sie nicht nachdenken, sind diese Fakten völlig nutzlos.«

Er machte wieder eine Pause und schob seine dicke Hornbrille auf der Nase nach oben. »Wenn also jemand in diesem Unterricht seinen Verstand an der Garderobe abgegeben hat, dann sollte er so freundlich sein und ihn jetzt holen gehen, während wir solange warten.« Er drehte sich um, ging zu seinem Stuhl und setzte sich. Ich brauche wohl nicht erwähnen, dass niemand sich rührte. Zumindest nicht körperlich. Wer würde so etwas auch wagen. Aber verstandesmäßig bewegten sich viele von uns an diesem Tag.

Ich versuchte angespannt, diese ungewöhnliche Einleitung zu verstehen. Mir war klar, dass ich als Christ nicht meine Augen und Ohren verschließen und an der Realität des Lebens vorbei gehen konnte. Doch so hatte ich es noch nie zuvor gehört. Fakten sind wichtig, hatte er mit fast banaler Einfachheit gesagt, aber sie nutzen nichts, wenn man nicht nachdenkt. Bis zu diesem Grundlagenkurs hatte ich das Christsein immer als Mischung von Glauben und Handeln verstanden. Ich hatte gesehen, wie Gott Dinge vollbracht, Menschenleben geändert, Gebete beantwortet und Nöte abgewendet hatte. Konnte man denn noch mehr verstehen, wenn es um die Grundlagen des christlichen Glaubens geht?

Zu Hause hatte ich diese Art des Christentums hautnah erlebt. Meine Eltern warfen sich völlig auf den Herrn und lebten in diesem Vertrauen. Als mein Vater Mitte dreißig war, legte er sein Amt als Gemeindeleiter einer wachsenden Gemeinde in Baltimore nieder und gründete zusammen mit meinem Onkel und einem anderen Gemeindeleiter ein Glaubenswerk. Ohne Geld, irgendwelche Garantien oder Unterstützung! Dieser Glaubensschritt, den meine Mutter im Vertrauen mitging, führte letztlich zu einer großen und gesegneten Radio-, Literatur- und Freizeitarbeit. Diese Lektion konnte in keinem Unterrichtsraum der Welt vermittelt werden. Bevor Dr. Knowe auch nur ein Wort gesprochen hatte, kannte ich bereits eine wichtige theologische Tatsache: Gott hält seine Versprechen.

Nun sollte ich eine weitere theologische Grundwahrheit kennen lernen, welche eher in einen Klassenraum passte, aber nicht weniger lebensnah war: Unser Gott ist ein Gott, über den man nachdenkt, ein Gott der unseren Verstand anspricht. Wir sollen Gott mit ganzem Herzen, ganzer Seele, ganzer Kraft und unserem ganzen Verstand lieben. Dieses Prinzip wird uns von Mose vorgestellt und später von dem Herrn Jesus in Markus 12,30 und Lukas 10,27 bestätigt.

Ich erzähle diese Geschichte über den theologischen Grundlagenkurs nicht aus nostalgischer Erinnerung an meine Bibelschulzeit in den 60er Jahren, noch möchte ich Sie mit meinen intellektuellen Fähigkeiten beeindrucken. Heute ist mir klar, dass ich nach meinem Abschluss an der Bibelschule immer noch ein naiver junger Mensch war, der in seinem Leben noch viel zu lernen hatte. Ich sollte auch noch feststellen müssen, dass viele dieser Lektionen mit einem gewissen Maß an Schmerz und Unsicherheit einhergingen, die nötig waren (zumindest für mich), um Gott mehr und mehr zu erkennen.

Der wahre Grund, warum ich die Geschichte von Dr. Knowe erzähle, ist, dass sie einen Glaubenskampf veranschaulicht, den viele junge Menschen in den 60er und 70er Jahren hatten. Ich weiß, warum sich gerade aus dieser Generation so viele von Gott abgewandt haben. Wenn es mir gelingt, dies den Eltern von erwachsenen Abgeirrten zu verdeutlichen, mag es ihnen helfen, ihre Söhne und Töchter besser zu verstehen, insbesondere die, welche dem christlichen Glauben immer noch enttäuscht oder feindselig gegenüberstehen. Es wird diesen Eltern auch erneuten Grund zur Hoffnung trotz aller Umstände geben.

Viele Jugendliche, die in den 60er und 70er Jahren den Glauben verließen, kamen aus einem geistlichen Hintergrund des »Glaubens und Handelns«. Ich meine damit, dass sie biblisch fest gegründet waren und ihre Bibel kannten, zumindest, was die Fakten betraf. Auch waren sie engagiert in der Evangelisation, Traktatarbeit, Mission und vieles mehr.

Doch diese jungen Christen waren nie mit dem nachdenkenden Christentum konfrontiert worden, welches uns Dr. Knowe in jenem Semester zu vermitteln versuchte. Das Ziel von Dr. Knowe war es, dass man Theologie erst dann richtig verstehen kann, wenn man seine Überzeugungen im Blick auf die sozialen, intellektuellen und kulturellen Fragen unserer heutigen Gesellschaft überdenkt.

Dr. Knowe verstand, welche dramatischen Veränderungen sich in den 60er Jahren außerhalb unseres Klassenraumes ereigneten. Er wusste auch, dass diese gesellschaftlichen Veränderungen unser Leben und unseren Glauben nachhaltig beeinflussen würden. Während wir noch im Schutze unseres Unterrichtsraumes saßen, brach draußen ein neues Zeitalter an. Die Dinge sollten sich verändern, in unseren Familien, unserer Gesellschaft und in unseren Gemeinden.

Die heutige Unmoral, der Zusammenbruch von Ehe und Familie und die soziale Gewalt kann direkt auf die revolutionären 60er und 70er Jahre zurückgeführt werden. Sicherlich reichen die Wurzeln noch weiter zurück, aber in den 60er und 70er Jahren gewannen diese Veränderungen öffentlichen Ausdruck und weite Akzeptanz.[1]

Doch auch die evangelikale Christenheit ereilten schwerwiegende Veränderungen. Der Einfluss des Christentums auf die Gesellschaft näherte sich dem Ende. Stattdessen wurde nun das Christentum von der Gesellschaft beeinflusst. Unter dem ständigen Druck neuer Vorstellungen und sich ändernden sozialen Wertevorstellungen verschoben sich die geistlichen Fronten. In den früheren Jahren hatte die Gemeinde mutig am geistlichen Kampf auf den Missionsfeldern der Welt teilgenommen. Doch nun wandte sich das Blatt und die Welt drang in die Gemeinde ein.

Wenn man in dieser Zeit in einem christlichen Elternhaus aufgewachsen war und ohne einen Hintergrund, wie er uns zum Beispiel von Dr. Knowe vermittelt worden war, in die Berufs- oder Studentenwelt geworfen wurde, konnte dies schwerwiegende geistliche Folgen haben. Auf der einen Seite standen Eltern und christliche Führer, die in den 30er und 40er Jahren aufgewachsen waren. Diese standhaften Gläubigen sahen die Welt und den christlichen Glauben aus einer bedingungslos überzeugten Haltung. Sie hielten ohne die Spur eines Zweifels am Evangelium fest und erwarteten das Gleiche von anderen, insbesondere von ihren eigenen Kindern. Aber das geschah nicht, denn ihre Kinder standen auf der anderen Seite. Sie waren alle in einer säkularisierten Welt aufgewachsen, in welcher der Unglaube das oberste Prinzip war. Nur wenige konnten sich in der Schule, bei der Arbeit und in der Freizeit diesem gefährlichen Einfluss entziehen. Noch weniger wussten, was sie über diese beängstigende neue Weltanschauung denken sollten.

Einige Jugendliche überstanden diese wilden Jahre mit der Hilfe und dem Verständnis ihrer Eltern. Doch größtenteils rangen junge Menschen entweder innerlich mit ihrem Glauben oder durchlebten ihre Jugend unter großem Konflikt mit ihren Eltern und ihrer Gemeinde. Wieder andere zogen es vor, dem

Glauben den Rücken zu kehren und sich anzupassen. Einige gingen im Stillen, während andere die Tür hinter sich zuschlugen und ihr Zuhause, ihre Familie und Freunde mit Anschuldigungen und Verbitterung hinter sich ließen.

Viele von denen, die sich vom Glauben abwandten, taten dies, weil sie der Meinung waren, der Glaube würde ihnen abverlangen, intellektuell und kulturell die Augen zu verschließen und unaufrichtig zu sein. Sie glaubten, die Gemeinde erwarte das Verleugnen von Fragen und Vorstellungen, die anderen Menschen wichtig erschienen. Ihrer Meinung nach taugte die Bibel für Sonntagsschule und häusliche Andachten, aber nicht, um die wirklichen Probleme der Welt zu beantworten.

Für ihre Eltern war diese Art von Zweifel unverständlich. Wie kann man überhaupt an der Bibel zweifeln? Sie war doch das wahre und ewige Wort Gottes. Warum sollte jemand, der in einem christlichen Elternhaus aufgewachsen war, diese Tatsache nicht freudig anerkennen? Warum sollte irgendein Mensch sich von dem wunderbaren Herrn und Heiland Jesus Christus abwenden, der für uns gestorben ist, damit wir Leben haben? Doch die Jugendlichen der 60er und 70er Jahre taten genau dies. Einige von ihnen sind bis auf den heutigen Tag abgeirrt und stehen ihrer geistlichen Vergangenheit verbittert und feindselig gegenüber. Andere sind zu christlichen Randgestalten geworden, denen andere Dinge im Leben wichtiger sind.

Einmal kam eine Frau in der Gemeinde zu mir und erzählte mir von ihrem Sohn. Er war in ihrer durch und durch bibeltreuen Gemeinde aufgewachsen, hatte sich aber während seiner Studentenzeit in den 70er Jahren vom Glauben abgewandt.

Er hatte nach wie vor ein gutes Verhältnis zu seinen Eltern, jedoch wenig Interesse an geistlichen Dingen. Auch sprach er ungern über den Glauben und wollte nicht mehr zur Gemeinde gehen.

Von frühester Kindheit war dieser junge Mann technisch und naturwissenschaftlich interessiert gewesen. Er spielte schon als Kind mit Experimentierkästen und seine Lieblings-fächer waren Mathematik, Physik und Chemie. Schließlich entschied er sich für ein naturwissenschaftliches Studium.

Die Gemeinde, welcher seine Familie angehörte, war sehr ausgewogen und bibelorientiert. Doch der Gemeindeleiter, ein älterer Mann, hatte wenig Verständnis für Wissenschaft und kulturelle Fragen. Seine Predigten entsprangen noch der alten Schule und zum größten Teil gefiel dies den Gemeindegliedern. Aber zumindest ein kleiner Junge wurde dabei übersehen. Predigten, die keinen Bezug zur Wissenschaft oder Gesellschaft hatten, sprachen ihn nicht an. Als Erwachsener hatte er nun wenig Interesse an Gott und Gemeinde, zumindest soweit wir dies beurteilen können.

Doch neulich war dieser junge Mann zu Besuch bei seinen Eltern und begleitete sie zu Weihnachten in die Gemeinde. Während des Gottesdienstes benutzte der Prediger, welcher selbst erst spät in seinem Leben zum Glauben gefunden und einen wissenschaftlichen Universitätsabschluss hatte, das Wort Wissenschaft auf positive Weise. Es war nur eine kurze Anmerkung und hatte mit dem eigentlichen Thema der Predigt nichts zu tun. Dennoch fühlte sich der junge Mann, der nur zu Weihnachten und seinen Eltern zuliebe mit in die Gemeinde gekommen war, dadurch angesprochen. Er sprach im Nachhin-ein wohlwollend über die Predigt und den Gemeindeleiter, was seine Eltern sehr überraschte.

Diese einfache Geschichte zeigt, wie wichtig es ist, den geistlichen Zweifel bei erwachsenen Abgeirrten zu verstehen. Sie unterstreicht auch, dass wir bereit sein müssen, diesen Menschen mit ihrer Kritik und ihrer Unsicherheit gegenüber dem christlichen Glauben zuzuhören. Für Eltern, die unter dem Abirren ihres Kindes leiden, ist dies sicherlich nicht leicht. Insbesondere wenn die Äußerungen der Kinder den christlichen Überzeugungen der Eltern entgegenstehen. Dennoch müssen wir ihnen unsere Liebe zeigen, indem wir ihnen zuhören. Wenn der junge Mann positiv auf die Gemeinde und Predigt reagierte, dann nur, weil beiläufig das Wort Wissenschaft fiel. Welche Auswirkungen wird dann erst ein frei von Anklagen geführtes Glaubensgespräch auf unsere umherirrenden Söhne und Töchter haben?

John Stott, ein begabter Bibellehrer, spricht davon, wie Christen Gott durch logisches Denken und einsichtige Worte verherrlichen können.

Gott ist ein rationaler Gott. Er hat uns in seinem Bild als rationale Wesen geschaffen und uns durch die Natur und die Heilige Schrift eine doppelte, rationale Offenbarung seiner selbst gegeben. Er erwartet von uns, dass wir unseren Verstand gebrauchen, um seine Offenbarungen zu ergründen. Alle wissenschaftliche Forschung gründet sich auf die Überzeugung, dass das Universum ein verständliches und bedeutsames System ist. Sie setzt voraus, dass es eine grundlegende Mitteilung zwischen dem Verstand des Forschenden und des untersuchten Details gibt. Diese Art der Mitteilung wird als rational angesehen ...

Wenn Gott uns also als rationale Wesen erschaffen hat, sollen wir dann diesen wesentlichen Bestandteil unseres Ichs verleugnen? Macht er sich die Mühe, sich zu offenbaren, damit wir diese Offenbarung verwerfen sollen? Nein, der angemessene Gebrauch unseres Verstandes bedeutet weder, dass wir unsere Verantwortung bei Seite schieben und uns schlafen legen, noch dass der menschliche Verstand der letztendliche Maßstab ist (wie es von den Begründern der Epoche der Aufklärung vertreten wurde). Vielmehr sollten wir uns in Demut unter die Fakten der göttlichen Offenbarung stellen und diese studieren, auslegen und anwenden. Nur so können wir unseren Schöpfer verherrlichen.[2]

Mir ist klar, dass ein Eingehen auf die Fragen und Zweifel unserer abgeirrten Kinder keine Garantie für ihre Rückkehr ist. Wenn unsere Anstrengungen fehlschlagen oder wenn wir merken, dass ihre Fragen nur ein Spiel sind, um uns in die Enge zu treiben, dann sollten wir es sein lassen, zumindest eine Zeit lang. Wir sollten das tun, wozu wir in der Lage sind: nachdenken, reden, beten und unsere Kinder letztendlich dem Herrn übergeben. Dabei sollten wir in seiner Treue ruhen. Wir haben unseren Teil getan. Alles andere liegt jetzt in Gottes Hand.

Noch ein letzter Gedanke über erwachsene Abgeirrte, deren Leben besonders von Zweifel und Unglaube gekennzeichnet zu sein scheint. Ich erwähne dies, weil ich der Meinung bin, dass dies ein bedeutender Aspekt des Abirrens ist, der von evangelikalen Christen oft übersehen wird.

Einige Menschen sind von Natur aus Zweifler. Sie stellen grundsätzlich alles in Frage. Dies ist ein Teil ihrer Persönlichkeit. Für solche Leute müssen die Dinge genau zusammenpassen und einen Sinn ergeben, bevor sie Interesse daran zeigen oder sich überzeugen lassen. Ich kenne diese Menschen, weil ich selber einer von ihnen bin. Ich liebe logische Argumentation, schätze Tiefgründigkeit und höre sehr interessiert zu, wenn das, was andere sagen, Sinn zu machen scheint.

Fakten, Informationen und Analysen beeindrucken mich, was nicht bedeutet, dass ich ein kalter und gefühlsarmer Mensch bin, der das Leben und den Glauben rein intellektuell beurteilt. Dennoch wird es schwer sein, mich von einer Sache zu überzeugen, die für mich keinen Sinn zu machen scheint.

Ich habe mich über die Jahre hinweg immer wieder gefragt, warum andere Menschen nicht denselben Drang wie ich nach einem faktenbezogenen und logisch orientierten Glauben haben. Das einfache kindliche Vertrauen an einen liebenden Heiland scheint ihnen zu genügen. Ich habe mir oft gewünscht, dies wäre auch bei mir so, aber aus unerfindlichen Gründen muss ich in Glaubensaspekten immer erst meine Zweifel überwinden und die Dinge durchdenken, bevor ich sie ausleben kann.

Eines Tages bekam ich das Buch »Die Philosophie der Religion: Nachdenken über den Glauben«[3] von C. Stephen Evans in die Hände. Es zeigte mir, warum dieses nachdenkliche Herangehen an den Glauben für Menschen wie mich so interessant ist.

In Kapitel 3 beschreibt Dr. Evans die vier klassischen Argumente für die Existenz Gottes: das ontologische, theologische, kosmologische und moralische Argument. Vereinfacht ausgedrückt spricht jedes der vier dafür, dass Gott wirklich existiert. Sie bauen alle auf eine unterschiedliche Beweisführung auf, kommen aber zu dem gleichen Schluss: Es gibt einen Gott.

Besonders faszinierend fand ich eine Aussage, die Dr. Evans fast beiläufig erwähnte. Er sagte, dass jedes dieser Argumente eine bestimmte Menschengruppe anspricht. Es sei so, weil diese Menschen in ihrem Wesen mit dem jeweiligen Argument übereinstimmen.[4]

So tendieren zum Beispiel Menschen, die einen ausgeprägten Gerechtigkeitssinn haben, am ehesten zur moralischen Beweisführung für die Existenz Gottes.

Menschen hingegen, die sich zur Schönheit der Natur hingezogen fühlen und einen Sinn für Ästhetik haben (Dichter, Künstler, Schriftsteller), überzeugt oft das kosmologische Argument. Für sie kann eine Welt voller wunderbarer Blumen, graziler Tiere und majestätischer Bergketten am besten durch die Existenz eines sorgenden und liebenden Gottes erklärt werden.

Die Person, welche das Leben analytisch betrachtet, beeindruckt am meisten das theologische Argument für die Existenz Gottes. Ihrer Vorstellung nach können die Planeten in ihren Umlaufbahnen, die Naturgesetze, auf welche sich die Wissenschaft gründet, und die Perfektion des menschlichen Körpers nicht einfach durch Zufall entstanden sein. Die einzig logische Erklärung für all diese Dinge ist ein intelligenter Schöpfergott, der alles entworfen hat.

Diejenigen, welche sich zu philosophischen Vorstellungen und theoretischen Fragen hingezogen fühlen, tendieren zum ontologischen Argument für die Existenz Gottes. Solche Leute haben Gefallen daran, über die schwierigen Fragen des Lebens mit all ihren Wirrnissen zu diskutieren, was andere als reine Zeitverschwendung auffassen würden.

All dies zeigt, dass unsere Persönlichkeit großen Einfluss darauf hat, wie wir unseren Glauben erleben. Viele sind vom Evangelium abgeirrt, weil sie in einer Gemeinde aufwuchsen, in welche sie ihrem Wesen nach nicht wirklich gehörten. Irgendetwas passte nicht zusammen, ohne dass sie wussten, was dies war.

Diese Unstimmigkeit kann durchaus durch ein Aufeinanderprallen zwischen ihrer Persönlichkeit und der Sichtweise des Evangeliums gelegen haben, welche in ihrer Gemeinde oder Familie betont wurde. So findet es z.B. jemand, der eine Vorliebe für Kunst, klassische Musik und Poesie hat, schwierig, sich in eine Gemeinde einzupassen, die keinen Sinn für diese Dinge hat. Jemand, für den Tradition und Ordnung wichtig sind, wird sich in einem liturgischen Gottesdienst wohler fühlen als in einer formlosen Zusammenkunft.

Sicherlich kann das Evangelium solche persönlichkeitsbedingten Unterschiede überwinden, und meist ist dies auch so. Wo dies nicht geschieht, sucht sich die entsprechende Person letztendlich eine andere Gemeinde, wo sie sich wohler fühlt. Im schlimmsten Fall kommt es jedoch zu einer inneren Zerrissenheit und Enttäuschung, so dass man gar nicht mehr zur Gemeinde geht.

Die meisten Christen brauchen heute unabhängig von ihrem Charakter oder ihren Neigungen irgendeine Art von einleuchtender Erklärung, um ihren Glauben ausleben zu können. Nur sehr wenige Menschen sind in der Lage, Gott anzubeten und dabei den Kopf in den Sand zu stecken. Für die große Mehrheit ist ein gut begründeter Glaube, der in der Lage ist, die Fragen des Lebens zu beantworten, sehr attraktiv und zufriedenstellend und für ein gesundes Glaubensleben sogar notwendig.

Unsere abgeirrten Kinder mögen gerade solche Menschen sein, die von einer neuen Bereitschaft unsererseits tief bewegt sind, offen mit ihnen über ihre Glaubensfragen und Probleme zu sprechen. Sie werden es außerdem zu schätzen wissen, wenn wir bereit sind zuzugeben, dass auch wir über die Jahre hinweg mit einigen Dingen zu kämpfen hatten. Vielleicht gibt es einige Dinge in Bezug auf den christlichen Glauben, die uns heute noch Schwierigkeiten bereiten. In jedem Fall wird unsere Offenheit und Bereitschaft zum Reden Wege bereiten, auf denen Gott in ihrem Leben wirken kann.

KAPITEL 15

Kulturelle Aufhänger oder biblische Überzeugungen

Es war ein dunkler und stürmischer Nachmittag. Das Flugzeug rollte unter dem Heulen der auslaufenden Turbinen langsam auf die Gangway des Flughafens zu.

Wie die meisten Flüge hatte auch dieser Passagiere der unterschiedlichsten Art befördert. Zuerst drängten sich die Geschäftsleute mit ihren Aktentaschen zum Ausgang, wobei sie möglichst den Eindruck erwecken wollten, wichtig zu sein. Darauf folgten Menschen jeder Kategorie.

Ein junger Mann bewegte sich langsam vom hinteren Teil des Flugzeugs in Richtung Cockpit und des vorderen Ausstiegs zur Gangway, die in das Ankunftsterminal des Flughafens führte. Er schien gleichzeitig fröhlich wie auch bedrückt zu sein. Er war eindeutig aufgeregt, machte aber ebenfalls einen ängstlichen Eindruck. Er starrte stur nach vorne, ohne Blickkontakt mit den Stewardessen oder Piloten aufzunehmen, die ihn verabschiedeten.

Dem Alter und Aussehen nach hätte man schließen können, dass er ein Student war, der über die Weihnachtsferien nach Hause flog. So war es auch. Dennoch würden wir niemals erahnen, was mit diesem netten Jungen geschehen sollte, als er seinen Koffer in die Empfangshalle des Flughafens trug, wo bereits eine große Menschenmenge auf die aussteigenden Passagiere wartete.

Unter den Wartenden waren auch die Eltern und Geschwister des jungen Mannes, sowie einige junge Leute aus seiner Gemeinde, die winkten und ihm zuriefen, als er die Halle betrat. Eine Person hielt ein ein Meter langes Begrüßungsschild für ihn hoch, welches nicht zu übersehen war.

Zur Überraschung des Jungen war es sein Vater, der dieses Schild hochhielt. Als Leiter einer örtlichen bibeltreuen Gemeinde war sein Vater sonst in der Öffentlichkeit eher zurückhaltend, wenngleich er im Urlaub auch manchmal etwas auftauen konnte. Doch Begrüßungsschilder auf dem Flughafen hochzuhalten, war etwas, was so gar nicht dem Wesen seines Vaters entsprach. Auf dem Schild stand: »Willkommen zu Hause Daniel«.

Als Daniel näher kam, sah er einen dunklen, drohenden Ausdruck auf dem Gesicht seines Vaters. Er hatte gewusst, dass dies geschehen würde. Es war der Grund für seine Anspannung im Flugzeug gewesen. Von dem Augenblick an, als das Flugzeug gelandet war, wusste Daniel, dass er Schwierigkeiten bekommen würde.

Warum war er sich so sicher, dass sein Vater negativ reagieren würde? Und wenn er es im Voraus wusste, warum hatte er keine Schritte unternommen, um es zu verhindern? Warum wollte er sich durch den Fleischwolf drehen lassen?

Daniels Geschichte ist leicht zu erklären, aber ihre Bedeutung ist komplizierter. Daniel hatte sich während seiner Zeit an der Universität entschieden, seinen Haarschnitt zu ändern, nachdem er den Druck seiner Kommilitonen zu spüren bekommen hatte, als er mit kurz geschnittenen Haaren sein Studium begonnen hatte.

Obwohl es eine christliche Universität war, wurden die zu dieser Zeit modernen Haarschnitte bis zu einem gewissen Maß dort geduldet. Mit seinem Militärhaarschnitt hatte sich Daniel als Erstsemestler direkt zum Außenseiter abgestempelt. Es dauerte nicht lange, bis er wusste, was er zu tun hatte. Er würde sein Haar einfach länger wachsen lassen, obwohl sein Vater der Überzeugung war, dass längere Haare für einen Christen unangebracht sind. Er musste schließlich neun Monate im Jahr an der Universität leben und nicht sein Vater. Und er musste mit seinen Freunden zurechtkommen, die ihm sehr wichtig waren. Und so ließ er seine Haare wachsen und mit jedem Millimeter wurde ihm auch klarer, was ihn Weihnachten zu Hause erwarten würde.

Als Daniel auf seinen Vater zuging und auf eine Umarmung zur Begrüßung wartete, nahm dieser plötzlich das Schild und warf es mit lautem Krachen zu Boden. Die Leute schauten sich um. Doch er war noch nicht damit zufrieden, seinen Sohn nicht zu begrüßen, sondern trampelte mit beiden Füßen auf dem Schild herum, so dass den umstehenden Menschen angst und bange wurde.

»Was halte ich von einem ungehorsamen Sohn, der mit einem Haarschnitt nach Hause kommt, wie die Welt ihn trägt«, schrie sein Vater laut und zeigte anschuldigend auf seinen Sohn, »du wirst dir ein anderes Zuhause suchen müssen. Du kommst sofort mit mir.«

Mit diesen Worten griff er seinen Sohn am Arm, marschierte mit ihm durch die Menschenmenge hinaus zum Auto, fuhr geradewegs zum nächsten Friseursalon und wies den Friseur an, die Haare seines Sohnes so kurz zu schneiden, wie sie vor seiner Studentenzeit gewesen waren. Daniels Wille zum Wiederstand wich. Alte Ängste und Verhaltensmuster überkamen ihn, als er sich still und bitter den Forderungen seines Vaters fügte.

Leider kann ich nicht den Rest der Geschichte erzählen, zumindest nicht, was Daniels Erfahrungen an der Universität angeht. Ich weiß nicht, was geschah. Jedoch kann ich berichten, was in seinem Leben geschah, als er etwa Mitte Zwanzig war. Zu dieser Zeit traf Daniel eine andere Entscheidung, nämlich, sich aus der Gemeinde und christlichen Gesellschaft zu verabschieden. Ich weiß nicht, wo er heute steht und kann nur hoffen, dass er seinen Weg zurück zum Heiland gefunden hat, der ihn unabhängig von seinem Haarschnitt oder Lebensstil liebt.

Einige werden beim Lesen dieser Geschichte einwenden, dass sie überzogen oder nicht mehr aktuell ist. Lange Haare sind doch heute kein Thema mehr. Warum sollte man sich heute noch darauf beziehen? Weil die grundsätzliche Reaktion des Vaters auch heute noch vorkommen könnte.

Diese Geschichte hat sich wirklich so zugetragen. Viele Menschen, die das Trauma der 60er und 70er Jahre durchlebt haben, können sie gut nachvollziehen. Ich habe diese Geschichte auch angeführt, um etwas ganz bestimmtes herauszustellen. Doch bevor ich dazu komme, muss ich etwas in Bezug auf den Vater sagen. Ich habe die Geschichte eher zu seinen Gunsten abgeschwächt. Ich möchte anerkennen, dass er mit den besten Absichten zum Flughafen kam. Zumindest kam er zur Begrüßung seines Sohnes, wohingegen heute viele Eltern zu beschäftigt mit ihrer Arbeit sind.

Doch für seine Reaktion in der Ankunftshalle habe ich keinerlei Verständnis. Das freudige Ereignis, Freunde und Familie wiederzusehen, wurde für seinen Sohn zur Tragödie. Es war grundlegend verkehrt, seinen Sohn in einer Angelegenheit so zu demütigen, die für ein wahres Christsein völlig unrelevant ist. Dieser zehnminütige Wutausbruch würde ihn für den Rest seines Lebens begleiten. Diese Reaktion verletzte nicht nur das Verhältnis zwischen Vater und Sohn, sondern vermittelte eine völlig falsche Vorstellung von dem, was den christlichen Glauben ausmacht. Wenn das Christentum solch ein Leid über einen jungen Mann bringen kann, der seine Haare etwas länger trägt, wer braucht dann diesen Glauben? Auch wenn sich die Zeiten inzwischen geändert haben, vermindert das die Schuld des Vaters nicht. Das grundsätzliche Thema ist deshalb heute nicht weniger aktuell.

Erkennen wir, was an jenem Tag am Flughafen wirklich passiert ist? Ich werde versuchen, es auf den Punkt zu bringen.

Die Meinung des Vaters über die korrekte Haarlänge eines Mannes, welche er als christlich und damit unanfechtbar ansah, war in Wirklichkeit nichts weiter als eine kulturbedingte Überzeugung. Seiner Auffassung nach bestand wenig Unterschied zwischen Gottes Forderungen nach einem korrekten Haarschnitt und bibeltreuer Lehre schlechthin.

Als Daniels Vater auf dem Flughafen das Begrüßungsschild zu Boden warf, glaubte er, damit für das Richtige einzustehen. Er kämpfte den guten Kampf; er war nicht bereit, Kompromisse mit weltlichen Maßstäben einzugehen, auch wenn dies bedeutete, dass er seinen Sohn vor den Augen seiner Freunde und der vorbeigehenden Leute zum Narren machte. Wahrscheinlich war er sogar überzeugt davon, dass er es tun musste, gerade weil andere zugegen waren.

Zufälligerweise hatte der Vater mit seiner Aussage Recht, dass lange Haare »weltlich« waren. Aber ich bezweifle, dass er verstanden hätte, was ich hier zu erklären versuche. Instinktiv wusste er, dass extrem lange Haare zu dieser Zeit mehr bedeuteten, als dass jemand nur mal wieder zum Friseur gehen sollte. In der damaligen Kultur symbolisierte es Auflehnung gegen die Obrigkeit, ein sichtbares Zeichen einer Generation, die die Werte und das Verhalten der vorhergehenden Generationen ablehnte.

Aber dies traf nicht auf Daniel zu, denn seine Haare bedeckten kaum die Ohren. Wir sehen, wie in diesem Fall kulturell entstandene Überzeugungen an die Stelle der Bibel rücken. Hätte Daniels Vater Oswald Chambers einfacher Beobachtung über die Gefahren von persönlichen Überzeugungen Beachtung geschenkt, wäre er vielleicht zumindest so geduldig gewesen, mit seiner Konfrontation zu warten, bis sie zu Hause angekommen waren. »Es ist sehr leicht«, sagt Chambers, »uns selbst besorgt einzureden, dass unsere jeweiligen Überzeugungen den Maßstäben Christi entsprechen, und damit jeden zu verurteilen, der nicht mit uns übereinstimmt. Wir zwingen uns selbst hierzu, weil unsere Überzeugungen in unserem Leben an Gottes Stelle gerückt sind. Doch das Wort Gottes fordert uns nirgends auf, im Lichte unserer Überzeugungen zu wandeln, sondern im Lichte Gottes.«[1]

War der Vater aufrichtig? Jawohl. Handelte er überlegt und biblisch? Nein. Seine Überzeugungen über Haare waren nicht viel mehr als ein Standpunkt, der seinem eigenen Hintergrund, persönlichem Geschmack und seiner Beurteilung der kulturellen und sozialen Veränderungen in den 60er und 70er Jahren entsprang. Mit der Bibel hatten seine Ansichten sehr wenig zu tun, einmal von der Möglichkeit abgesehen, dass die Missachtung des Sohnes gegenüber den Wünschen seines Vaters als Auflehnung gegen die elterliche Autorität angesehen werden könnte. Doch war dies so?

Denken wir einmal darüber nach. Hier ging es um Haare. Nichts weiter als Haare. Es war keine Auseinandersetzung über die Gottheit Jesu oder die Jungfrauengeburt. Hier wurden die Länge eines Haarschnitts und christliche Lehre auf eine Stufe gestellt. Zu glauben, ein 18-jähriger junger Mann sollte seinen Eltern »im Herrn gehorsam« sein, und zwar im Blick auf einen Haarschnitt, der für die damalige Zeit immer noch sehr kurz war, tut dieser biblischen Forderung zum Gehorsam gegenüber den Eltern Gewalt an.

Gibt es heute noch ähnliche Streitpunkte? Wie sieht es mit der Frage des Schminkens, Tragens von Schmuck und mit Kleidung aus? Musik? Politik? Film und Fernsehen? Anbetungsformen? Lehrmeinungen? Was sind grundsätzliche Fragen und welche sind nebensächlich?

Die Geschichte von Daniel und seinem Vater ist nicht so weit von uns entfernt, wie wir dies vielleicht annehmen würden. Manchmal werden die erbittertsten Kämpfe zwischen gläubigen Eltern und ihren in die Irre gegangenen Kindern über nebensächlichste Fragen ausgetragen. Viele vom Glauben Abgeirrte sind noch heute davon überzeugt, dass der christliche Glaube auf einer Liste von Geboten und Verboten beruht, obwohl diese Regeln wenig oder nichts mit einer persönlichen Beziehung zu dem Herrn Jesus Christus zu tun haben.

Denken wir einmal in unserer Beziehung zu unseren Kindern darüber nach, wo sich rein kulturell bedingte Dinge in unsere Überzeugungen eingeschlichen haben. Gibt es in unserem Leben Ansichten, die eine falsche Sicht vom Evangelium vermitteln? Sind wir in der Lage, anderen Menschen Freiraum in Dingen zuzugestehen, von welchen wir stark überzeugt sind, das sie zwar für das Christsein, aber nicht von grundlegender Wichtigkeit sind?

Ich möchte uns ermutigen, den Weg zur Versöhnung und geistlichen Wiederherstellung durch unsere Bereitschaft zu eröffnen, in zweitrangigen Glaubensfragen auch andere Meinungen zuzulassen. Wenn wir unseren Kindern auf diesem Gebiet Zugeständnisse machen können, werden wir feststellen, dass es uns bald leichter fallen wird, mit ihnen über Dinge zu reden, die wirklich geistliche Bedeutung haben. In den meisten Fällen wollen unsere Kinder mit uns reden. Es gelingt ihnen jedoch oft nicht, weil sie sich erst durch ein Minenfeld von nebensächlichen Fragen quälen müssen. Räumen wir dieses Minenfeld!

Ich hatte zu Anfang dieses Kapitels gesagt, dass der Herr Daniel unabhängig von seinem Haarschnitt oder Lebensstil liebt. Dies ist eine schwerwiegende Aussage, besonders für gläubige Eltern heute, die mit der Lebenseinstellung ihrer Kinder zu ringen haben, was wesentlich dramatischer ist, als die Fragen über lange Haare in den 60er und 70er Jahren. Die

Kämpfe, welche sich heute in den Wohnzimmern abspielen, drehen sich vielmehr um sexuelle Freizügigkeit oder um einen Sohn oder eine Tochter, welche mit der Freundin bzw. dem Freund zusammenziehen möchten. Andere Streitpunkte sind das Leben nach dem Lustprinzip und völliges Desinteresse an geistlichen Dingen.

Akzeptiert der Herr diesen Lebensstil? Nein, natürlich nicht. Aber der Herr Jesus liebt den Sünder und wir sollten es auch tun, ganz gleich, ob es sich dabei um unsere eigenen abgeirrten Kinder oder sonst irgendjemanden handelt. Es ist unsere Verantwortung, sie als im Bilde Gottes geschaffene Menschen anzuerkennen und sie als unsere Kinder zu lieben, genau wie dies auch der Herr tut. Er liebt uns und nimmt uns an, auch wenn wir sündigen und ihm gegenüber ungehorsam sind. Deshalb müssen wir auch unsere Kinder lieben und annehmen, auch wenn wir ihre Lebenseinstellung und Sünde ablehnen.

Einem abgeirrten Kind gegenüber barmherzig zu sein, ist manchmal sehr schwierig. Wir sind über die Maßen provoziert und können uns nicht mehr ruhig verhalten. Dennoch ist es richtig, wenn wir in solchen Situationen so barmherzig und gütig wie nur möglich sind.

Unsere abgeirrten Kinder wissen sehr genau, was sich in diesen Augenblicken in uns abspielt, und sie verstehen auch, wie schwer es uns fällt, ihnen in solchen Momenten Liebe und Anerkennung zu zeigen. Doch es ist ein Akt der Barmherzigkeit, den sie nicht verleugnen können.

Ich möchte zum Abschluss dieses Kapitels sagen, dass es einen angemessenen Raum für tiefe Überzeugungen gibt. Ich hoffe, dass dies durch die Geschichte von Daniels Vater nicht falsch verstanden wird. Ich bewundere Menschen mit festen

Überzeugungen, die wissen, was sie hochhalten und wogegen sie kämpfen. Mein Wunsch ist es, dass wir tiefe Überzeugungen entwickeln, die auf der Bibel gegründet sind, aber auch kulturelle Unterschiede nicht außer Acht lassen.

Doch vielleicht fragt sich jemand, wie dies ganz praktisch im Alltag aussehen kann?

Natürlich ist das Leben zu komplex, als dass man hier einfach eine Pauschalantwort geben könnte. Aber ich möchte hier einige Dinge zur Veranschaulichung heranziehen, die uns hoffentlich eine Vorstellung vermitteln, was ich zu sagen versuche. Nehmen wir einmal an, wir finden heraus, dass unsere Tochter, die bekennende Christin ist, mit ihrem Freund zusammenwohnt. Wie reagieren wir? Wir sollten beide so barmherzig wie möglich behandeln, sie zum Essen einladen und uns völlig normal verhalten. Jedoch sollten wir niemals zulassen, dass sie in unserem Haus zusammen in einem Zimmer übernachten. Dadurch würden wir an ihrer Sünde teilhaben. Wir sollten sie wissen lassen, dass sie geliebt werden, aber dass diese Liebe feste, auf dem Wort Gottes gegründete Grenzen hat.

Ein anderes Beispiel: Unser Sohn, der in der Gemeinde aufwuchs und sich gut in der Bibel auskennt, nimmt plötzlich Drogen zu sich. Wie gehen wir damit um? Wir stellen ihn zur Rede und bestehen darauf, dass er damit aufhört. Wenn er dies nicht alleine schafft, soll er professionelle Hilfe aufsuchen. Wenn er weiterhin Drogen nimmt und uns zu hintergehen versucht, muss er die Konsequenzen tragen. Er kann unter diesen Umständen nicht länger bei uns zu Hause wohnen. Er wird geliebt, aber diese Liebe schließt auch Härte mit ein, welche fordert, dass er seine lebenszerstörenden Drogenprobleme in den Griff bekommt.

Dies sind zwei Beispiele, wie starke, auf die Bibel gegründete und Kultur berücksichtigende Überzeugungen unseren Kindern und anderen gegenüber Ausdruck finden können. Vielleicht sollte ich noch hinzufügen, dass unsere Überzeugungen zur rechten Zeit gegenüber unseren Kindern ausgesprochen werden sollten, manchmal mit Nachdruck, manchmal vorsichtig. Es wird niemals leicht sein, denn die meisten Geschichten von Abgeirrten sind mit viel Tränen und Leid verbunden.

Wenn Sie zu den Eltern gehören, deren tiefste innere Überzeugungen sie dazu gezwungen haben, harte, unvermeidbare Entscheidungen zu treffen, die eine Entfremdung gegenüber den Kindern hervorgerufen haben, dann bete ich, dass Sie den Mut und die Kraft haben, für das einzustehen, was Sie für richtig halten. Aber ich bete auch für sie um Weisheit und Gnade, Ihren Kindern weiterhin in Liebe und Annahme zu begegnen, während Sie der Sünde standhaft entgegentreten.

Wenn wir diese beiden Dinge umsetzen, dann wird dies unseren abgeirrten Kindern helfen, der Wahrheit über sich selbst ins Auge zu schauen.

Wenn wir dies mit Barmherzigkeit und Milde tun, werden sie dadurch weder abgeschreckt noch vergrault. Vielmehr wird es ihnen deutlich machen, wie wichtig uns Jesus Christus und das Wort Gottes sind, und ihnen zeigen, wie leer und bedeutungslos ihr Leben eigentlich ist.

KAPITEL 16

Der Gott des Neuanfangs

Du aber bist ein Gott der Vergebung. (Neh 9,17)

John, ein Jugendfreund von mir, war nicht nur gut aussehend, sportlich und adrett gekleidet, er kam auch aus einer wohlhabenden Familie mit großem Einfluss in der Geschäftswelt. Außerdem spielten seine Eltern in unserer Gemeinde eine wichtige Rolle. Wenn angesehene Gastprediger zu Besuch kamen, waren sie oft bei Johns Eltern zum Essen eingeladen.

Als John und ich noch Teenager waren, besuchten zwei der landesweit bekanntesten christlichen Persönlichkeiten unsere Gemeinde. Einer von ihnen war Johns Onkel. Ich erinnere mich daran, dass sie zu einer Zeit kamen, als John gerade seinen Schulabschluss geschafft hatte. Als sie wieder nach Hause fuhren, nahmen sie ihn mit. Schon bald sprach sich herum, dass diese beiden Führer der Meinung waren, John sei sehr begabt. Bald darauf erfuhr ich, dass John seinen Onkel und den anderen Prediger auf einer Missionsreise begleiten würde, die unter Umständen 18 Monate dauern könnte.

Manchen stehen eben alle Möglichkeiten offen. Ich hätte alles dafür getan, eine ähnliche Reise tun zu dürfen, doch ich saß zu Hause fest und musste meinem regulären Tagesablauf nachgehen.

Doch dann kamen schlechte Neuigkeiten. Nach einem Monat als »Missionar« entschied John, dass er genug gesehen hatte. Trotz der Proteste seines Onkels und des anderen Predigers entschloss er sich, nach Hause zurückzukehren. Die Enttäuschung über seinen Neffen belastete Johns Onkel sehr, so dass dies sogar einen Keil zwischen ihn und seinen Mitarbeiter trieb.

Inzwischen haben wir bestimmt erkannt, wer John wirklich ist. Die Geschichte stimmt, aber ich habe meine schriftstellerische Freiheit genutzt und sie auf unsere Zeit übertragen.

John ist in Wirklichkeit Johannes Markus, der Neffe von Barnabas, von dem uns die Apostelgeschichte berichtet. Er war der Sohn einer bekannten Gläubigen in Jerusalem (in ihrem Haus fand das Gebetstreffen für den eingekerkerten Petrus statt). Der bekannte Redner und christliche Führer, welcher seine Gemeinde besuchte, war niemand anderes als der Apostel Paulus.

Ich wollte uns einen schnellen Einstieg verschaffen, um aufzuzeigen, was sich in Apostelgeschichte Kapitel 13 und 15 wirklich ereignete. Ich hoffe, dass meine Geschichte geholfen hat, die Dramatik der späteren Jahre zu verstehen, als Johannes Markus, dem alle Möglichkeiten offen gestanden hatten und der das Handtuch geworfen hatte, 12 oder 13 Jahre später wieder in Erscheinung trat. Es verdeutlicht auf wunderbare Weise, wie jemand, der alles »vermasselt« hatte und für geraume Zeit von der Bildfläche verschwunden war, einen Neuanfang macht und wieder nützlich für den christlichen Dienst wird. Der erste Teil der Geschichte von Johannes Markus ist schnell erzählt. Die Bibel sagt: »*Johannes aber sonderte sich von ihnen ab und kehrte nach Jerusalem zurück. Paul und Barnabas zogen von Perge aus hindurch und kamen nach Antiochien in Pisidien*« (Apg 13,13-14).

Viele gläubige Eltern haben gebetet, Opferbereitschaft gezeigt, um ihre Kinder endlich voller Freude auf die Bibelschule oder vielleicht sogar in den vollzeitlichen Dienst gehen zu sehen, um dann später sehen zu müssen, dass sie sich durch irgendwelche Umstände vom Glauben abwenden und andere Wege gehen. Niemand von uns wünscht sich dies.

Aber die Geschichte von Johannes Markus zeigt, dass es noch Hoffnung gibt. Er ist der biblische Beweis (neben vielen anderen), dass Gottes Plan die Möglichkeit eines Neuanfangs zulässt. Daran müssen wir als Eltern festhalten. Es mag sogar sein, dass diese schmerzhafte Abwendung nur das Vorspiel zu einer Festigung des christlichen Charakters und zu einem größeren Dienst ist.

Sicherlich durchlebten die Eltern von Johannes Markus Schmerz und Trauer und vielleicht sogar Hoffnungslosigkeit über ihren Sohn. Alles sah so vielversprechend aus! Wie konnte er eine solche Chance an sich vorbeigehen lassen? Was war nur mit ihm los? Mit solchen Fragen steigen bei fast allen Eltern von Abgeirrten auch die Selbstzweifel auf. Dennoch zeigt uns der Rest dieser Geschichte, dass das Leben von Johannes Markus entsprechend Gottes Willen und Zielen ein gutes Ende fand (siehe Römer 8,28!). An irgendeinem Punkt erhielt er die Chance zum Neuanfang und ergriff diese Chance festentschlossen.

Der 2. Timotheusbrief ist das letzte überlieferte Schreiben des Paulus. Dies bedeutet, dass das vierte Kapitel dieses Briefes uns seine letzten niedergeschriebenen Worte und Gedanken mitteilt. Dort bezieht sich Paulus auf zwei Menschen. Der eine hatte sich gerade vom Glauben abgewandt, der andere war zurückgekehrt. Beide jungen Männer standen ihm sehr nahe und er sah sie ohne Zweifel wie Timotheus als seine geistlichen Söhne an.

Der erste Abgeirrte ist Demas, von dem Paulus in Vers 10 sagt, dass er ihn verlassen hat. Durch das gesamte Kapitel kann man spüren, wie Paulus mit Schmerz und Zerrissenheit über Demas Entscheidung ringt. Er weist Timotheus an, die Gläubigen zurechtzuweisen und zu korrigieren, wo dies nötig ist. *»Sei stark, kämpfe den guten Kampf, strecke dich nach der Krone aus!«* Demas hat sich abgewandt (trotz der besten Unterweisung und des besten Vorbildes, das er haben konnte; wenn dies mit ihm geschehen konnte, dann auch mit jedem anderen) und Paulus versucht sein Bestes, Timotheus vor diesem Schicksal zu warnen.

Der zweite Abgeirrte ist Johannes Markus, der in die aktive christliche Gemeinschaft und den Dienst zurückgekehrt ist. Er ist nicht einfach nur zurückgekehrt, sondern gekommen um Paulus »nützlich« zu sein. *»Nimm Markus und bring ihn mit dir«*, weist Paulus Timotheus an, *»denn er ist mir nützlich zum Dienst«* (Vers 11).

Johannes Markus gehört zu den wenigen, die Paulus am Ende seines Lebens nicht verlassen haben. Anstatt zu gehen (wie die anderen), kommt er. Er ist mutig, hingegeben und aufrichtig. Sein früheres Versagen hat ihn zu einem reiferen und stärkeren Christen gemacht. Die Episode, die sich zwölf oder dreizehn Jahre zuvor in Asien abgespielt hatte, ist vergeben und vergessen. Und so schließt sich Johannes Markus letztendlich Lukas, Timotheus und dem Herrn Jesus selbst (siehe Vers 17) an, um dem großen Apostel in seinen letzten Tagen beizustehen. Ich finde das erstaunlich für einen ehemaligen Abgeirrten.

Lassen sie mich diese Gedanken abschließen, indem ich von einer anderen Geschichte des Neuanfangs erzähle. Sie handelt von einem Prediger, der nicht nur von seinem Herrn abgedriftet ist, sondern in einem Gefängnis für Schwerstkriminelle landete. Seine Geschichte ist mindestens genauso erstaunlich wie die von Johannes Markus, und auch sie nimmt ein gutes Ende.

Fredrick Arvid Blom wurde am 21. März 1867 in der Nähe von Enkoping in Schweden geboren. Er emigrierte gegen 1890 in die USA und wurde Offizier in der Heilsarmee in Chicago. Später studierte Blom an einem christlichen Seminar und leitete verschiedene Gemeinden. 1905 verließ er bedingt durch verschiedene Umstände den Dienst und verbittert über sich selbst und andere Christen wandte er sich von Gott ab.

Seine genauen Straftaten sind nicht bekannt, aber er wurde in ein Gefängnis für Schwerverbrecher in New York eingeliefert, um dort seine Strafe abzusitzen. Zerbrochen von den Lebensumständen sowie von der Reue über seine Sünde, tat er dort Buße und kehrte zu Gott zurück. Er erfuhr freudige Vergebung und Hoffnung in seiner erneuerten Beziehung mit dem Herrn.

Als später sein Gesuch auf Bewährung abgelehnt wurde, begann er über den Himmel und dessen Reichtum und Schönheit nachzudenken, worüber er einst gepredigt hatte. Im

Gegensatz zu den Gefängnistoren, die ihn einsperrten, sind die himmlischen Tore weit offen für alle, die eintreten wollen, er selbst eingeschlossen. Zu dieser Zeit schrieb er ein Lied (»He the Pearly Gates Will Open«) über genau diese Tore, das sich heute in vielen Liederbüchern wiederfindet. Blom hat noch viele andere Lieder geschrieben, aber keines ist so bekannt geworden wie das über die himmlischen Tore.[1]

Nach seiner Entlassung aus dem Gefängnis fand Blom erneut Gemeinschaft in der Heilsarmee und war später Leiter einer Gemeinde in Pennsylvania. Er kehrte 1921 nach Schweden zurück und leitete dort bis zu seinem Tod am 24. Mai 1927 in Uddevalla einige Gemeinden.

Üblicherweise sind Geschichten von Abgeirrten nicht so dramatisch, aber diese unterstreicht die Hauptaussage unseres Kapitels: Unser Gott ist ein Gott des Neuanfangs. Fredrick Blom entfernte sich so weit von Gott, wie es irgend möglich war. Dennoch fand Gott ihn im Gefängnis, richtete ihn wieder auf und gebrauchte ihn sogar später wieder im Dienst. Obwohl ich nie irgendeine seiner Predigten gelesen habe, bin ich davon überzeugt, dass sie von der Liebe und Vergebung Gottes überströmten, der ihn in seiner Barmherzigkeit gerettet hat.

Geistliches Versagen muss niemals endgültig sein. Was auch immer die Sünde oder der Fehler sein mag, Gott kann Menschen wieder zurechtbringen und sie für den Dienst gebrauchen.

Sind Abgeirrte Christen?

ind Abgeirrte wirklich Gläubige? Oder meinen nur die meisten von ihnen, Christen zu sein, haben aber in Wirklichkeit niemals eine echte Beziehung zu Jesus Christus gehabt?

Diese Frage wird mir oft gestellt, wenn ich über das Thema referiere. Der Grund leuchtet ein. Die geistliche Gleichgültigkeit und Sturheit von Abgeirrten ist für Eltern und Freunde schwer zu verstehen. Dies trifft besonders dann zu, wenn der Betreffende selbst einmal bekannt hat, Christ zu sein, und die Kennzeichen eines Gläubigen an ihm deutlich geworden waren. Ist es für einen wahren Gläubigen überhaupt möglich sich willentlich von Gott abzuwenden und darin zu verharren? In meinen Gesprächen mit zurückgekehrten Abgeirrten stellte sich heraus, dass manche von ihnen sich nicht über ihren geistlichen Zustand vor ihrer Abwendung sicher waren. Hatten sie wirklich geglaubt oder waren sie nur von ihren Eltern geimpft worden? Teilweise wussten sie auch nicht, ob ihre Rückkehr zum

Herrn eine geistliche Erneuerung oder eine Wiedergeburt war. Wenn sie es nicht wussten, wie soll ich es wissen?

In einigen Fällen erkannten Zurückgekehrte, dass sie in ihrer Jugend den Herrn Jesus nicht als ihren Retter angenommen hatten, auch wenn sie das richtige Vokabular kannten und wussten, wie sie sich verhalten mussten. Sie waren aufrichtig, aber dennoch keine wahren Gläubigen gewesen. Andere, welche weiterhin umherirrten, bestanden in meinem Interview darauf, dass sie keinerlei Zweifel bezüglich ihrer Errettung hätten, gaben aber gleichzeitig zu, dass sie weiterhin im Zorn und Ungehorsam verharrten und nicht bereit waren, von ihrem Weg umzukehren. Sie waren sich sowohl ihrer Errettung wie auch ihres Abirrens bewusst.

Ich habe mich entschieden, die Frage der Errettung nicht endgültig beurteilen zu wollen. Dies bedeutet nicht, dass ich es für gleichgültig halte, ob Abgeirrte den Herrn kennen oder nicht. Es ist nicht Thema dieses Buches, ob ein Zurückgekehrter schon vorher ein Kind Gottes war oder nicht. Ich möchte mich auch nicht auf theologisches Glatteis über die Souveränität Gottes, Erwählung, Vorherbestimmung, geistlichen Abfall und andere Lehrfragen bewegen, die in diesen Punkt mit hineinspielen.

Es ist meine persönliche Überzeugung, dass jemand, der vom Geist Gottes wiedergeboren wurde, für immer ewiges Leben besitzt. Abgeirrt oder nicht, es gibt absolut nichts, was dies ändern kann (siehe Joh 10,1-18; Röm 8,28-29; Eph 1,1-13; 2,8-10). Weitergehend möchte ich die Frage: »Sind Abgeirrte errettet?« nicht beantworten. Ich entschuldige mich bei den Lesern, die darauf bestehen, dass die Frage der Errettung bei diesem Thema eingängiger behandelt werden müsste.

Ich möchte aber folgende Ausnahme machen: In den Fällen, in denen ich die betreffende Person persönlich kenne und die Möglichkeit hatte, sie über einen längeren Zeitraum zu beobachten und mit ihr zu reden (über mehrere Jahre oder länger), bin ich bereit, eine Beurteilung abzugeben. Ohne Zweifel sind manche Abgeirrte wirklich gläubig. Ich bin sogar dazu geneigt anzunehmen, dass die meisten Abgeirrten Jesus Christus als ihren persönlichen Heiland kennen, obwohl dies letztendlich eine Angelegenheit zwischen ihnen und Gott ist.

Vier der schwerwiegendsten und längsten Fälle von Glaubensablehnung bis auf den heutigen Tag sind einige Freunde von mir, von denen ich weiß, dass sie wirklich an den Herrn Jesus gläubig sind. Es sind Männer, die einmal in ihrem Leben so geredet, gehandelt, gebetet und gedient haben, wie es für einen Christen aufrichtiger nicht sein kann. Meiner Meinung nach waren und sind sie Teil der Familie Gottes. Ist ihre Gemeinschaft mit dem Vater gestört? Sicherlich. Ist Gott immer noch ihr Vater? Eindeutig. Ansonsten müsste ich meine Glaubensüberzeugung ändern, wozu ich nicht bereit bin.

Während ich dieses Buch schrieb, habe ich oft über diese vier Männer nachgedacht und versucht zu begreifen, was geschehen ist. Ich denke an die fröhlichen und ermutigenden Erfahrungen zurück, die wir gemeinsam erlebt haben. Oft habe ich mir gewünscht, dass die Geschichten der Rückkehr, welche ich hier beschrieben habe, ihre eigenen sein könnten. Doch leider ist es nicht so. Für sie geht der innere Kampf weiter.

Wenn ich über all dies nachdenke, finde ich besonderen Trost in dem Gedanken, dass noch nicht alles verloren ist. Diese Freunde und Brüder durchleiden im Moment eine Niederlage, aber der Krieg ist noch nicht vorbei. Der Vorhang ist noch nicht gefallen.

Ich bin davon überzeugt, dass der Gott, dem ich diene, der Herr aller Menschen ist. Er kennt und führt jeden. Wäre dies nicht so, wäre er nicht Gott. Gott kennt das Ende vor dem Anfang, doch was weitaus größer ist, er kennt jedes seiner Schafe mit Namen und seine Pläne können nicht durchkreuzt werden.

John Percy, ein Missionarskind, der neunzehn Jahre lang umhergeirrt war, bevor er zum Herrn zurückgekehrt war, sprach folgende weisen Worte am Ende seiner Geschichte in Kapitel 9: »Früher oder später kommt jedes abgeirrte Kind Gottes zurück. Entweder in diesem Leben oder spätestens, wenn sie erlöst vor ihrem Herrn in seinem ewigen Reich stehen.«

Wenn sie sein Eigentum sind, werden sie zurückkehren. Die einzige Frage, die bleibt, ist: »Wann?«

Anmerkungen

Einführung

1. David G. Bromley, Hrsg., *Falling from the Faith: Causes and Consequences of Religious Apostasy* (Newbury Park, CA: Sage Publications, 1988). Ebenso: James Dobson, *Parenting Isn't for Cowards* (Waco, TX: Word 1987), S. 49-50.
2. Carl K. Spackman, *Parents Passing on the Faith* (Wheaton, Illinois: Victor Books, 1989), S. 10.

Kapitel 1

1. Oswald Chambers, *Not Knowing Where* (Grand Rapids, MI: Discovery House Publishers, 1989), S. 117.
2. Ebd., S. 118

Kapitel 3

1. Das war der Fall in den Berichten sämtlicher Abgeirrter, die ich interviewt habe, und wird auch bestätigt von anderen, die die Abkehr vom und die Rückkehr zum Glauben untersucht haben. Siehe auch besonders bei Dean R. Hoge, *Converts, Dropouts, Returnees* (New York: The Pilgrim Press, 1981), S. 167-168.

Kapitel 4

1. D.H. Lawrence, »Hymns in a Man's Life«, in: *Subject and Structure, an Anthology for Writers* (Bosten und Toronto: Little, Brown and Company, YEAR), S. 20-25.
2. Robert Penn Warren und Albert Erskine, *Six Centuries of Great Poetry* (New York: Dell Publishing Co., 1955), S. 519.
3. Harry Verploegh, *Oswald Chambers, the Best from All His Books* (Nashville: Oliver-Nelson, 1987), S. 334.

Kapitel 5

1. Meine eigene Recherche und die anderer. Siehe David G. Bromley, Hrsg., *Falling from the Faith: Causes and Consequences of Religious Apostasy* (Newbury Park, CA: Sage Publications, 1988).
2. Douglas Alan Walrath, »Why Some People May Go Back to Church«, in: *Review of Religious Research*, Bd. 21, Nr. 4 (Ergänzung, 1980), S. 474.

Kapitel 6

1. Don Baker, »Cyberspace: Language Lost, Language Regained in a Video Dominated Culture«, paper presented to Washington Arts Group, Washington, D.C., 1993.
2. Auch wenn ich des Öfteren die Begriffe »Fundamentalist« und »Evangelikal« zusammen verwende und damit konservative Chisten bezeichne, so sind sie streng genommen jedoch nicht synonym gebraucht. »Fundamentalismus«

wurde als Oberbegriff für Konservative eingeführt, die sich zu Beginn des 20. Jahrhunderts von der liberalen protestantischen Christenheit getrennt hatten. Dieser Begriff wurde beinahe ein halbes Jahrhundert lang ausschließlich gebraucht, um solche »bibeltreuen« Christen zu kennzeichnen. In den späten 50er Jahren begann man, den Begriff »evangelikal« unter den konservativen Christen, die sich mehr und mehr der Kultur öffneten und in Bezug auf theologische Ansichten toleranter wurden, vorzuziehen. Beide Bezeichnungen werden bis heute gebraucht, wobei der Begriff »evangelikal« von den meisten konservativen Christen bevorzugt wird. Theologen und Religionshistoriker klassifizieren Fundamentalisten und Evangelikale damaliger und heutiger Prägung im Allgemeinen als religiös Konservative innerhalb der Grenzen historisch christlicher Orthodoxie.

Kapitel 8

1. Eudora Welty, *One Writer's Beginnings* (Cambridge, MA: Harvard University Press, 1983).

Kapitel 9

1. Dean R. Hoge, *Converts, Droupouts, Returnees* (New York: Pilgrim Press, 1981), S. 159.

Kapitel 10

1. Bernard Ramm, *Protestant Biblical Interpretation* (Bosten: W. A. Wilde Company, 1956), S. 167.
2. Ebd., S. 167-168, zusammengefasst.

Kapitel 12

1. Siehe Psalm 93,1-2; Jesaja 40,15-17; 1. Timotheus 6,14-16; Offenbarung 11,17.
2. J. I. Packer, *Knowing God*, Revidierte Ausgabe (Downers Grove, IL: InterVarsity Press, 1993), S. 25-26.
3. Ebd., S. 101.
4. Leonard E. LeSourd, *The Best of Catherine Marshall* (Grand Rapids, MI: Chosen Books, 1993), S. 263.
5. Ebd., S. 274.
6. Ebd., S. 275.

Kapitel 13

1. Eltern, die an zusätzlichen Informationen über Sekten interessiert sind, finden diese in: Hauth, Rüdiger, *Kleiner Sektenkatechismus*, R. Brockhaus Verlag oder: ders. (Hrsg.), *Hexen Gurus Seelenfänger*, Einblicke in die Welt der Sekten, R. Brockhaus Verlag. (Literaturangaben den deutschen Verhältnissen angeglichen; Anm. d. dt. Hrsg.)
2. Ronald M. Enroth, *Churches That Abuse* (Grand Rapids, MI: Zondervan, 1992).
3. Ken Blue, *Healing Spiritual Abuse: How to Break Free from Bad Church Experiences* (Downers Grove, IL: InterVarsity

Press, 1993).
4. Greg Livingstone, *Planting Churches in Muslim Cities* (Grand Rapids, MI: Baker, 1993).
5. Diese Einblicke wurden entnommen aus *What Do You Say to a Moonie?* von Chris Elkins (Wheaton, IL: Tyndale House, 1981).
6. Livingstone, *Planting Churches*, S. 137.

Kapitel 14

1. Christopher Lasch, *Haven in an Heartless World* (New York: Basic Books, 1977).
2. John Stott, *The Contemporary Christian* (Downers Grove, IL: InterVarsity Press, 1992), S. 115-116.
3. C. Stephan Evans, *Philosophy of Religion: Thinking about Faith* (Downers Grove, IL: InterVarsity Press, 1982).
4. Ebd., S. 78.

Kapitel 15

1. Oswald Chambers, *Studies in the Sermon on the Mount* (Grand Rapids, MI: Discovery House Publishers, 1995), S. 88.

Kapitel 16

1. Kenneth W. Osbeck, *101 More Hymn Stories* (Grand Rapids, MI: Gospel Folio Press, 28. August, 1994).
»He the Pearly Gates Will Open«
(Liedtext in Auszügen siehe nächste Seite)

He the Pearly Gates Will Open

Love divine, so great and wondrous!
Deep and mighty, pure, sublime!
Coming from the heart of Jesus -
Just the same through tests of time.
Like a sparrow hunted, frightened,
Weak and helpless - so was I;
Wounded, fallen, yet He healed me -
He will heed the sinner's cry.

Love divine, so great and wondrous!
All my sins He then forgave!
I will sing His praise forever,
For His blood, His pow'r to save ...

... In life's eventide at twilight,
At His door I'll knock and wait;
By the precious love of Jesus,
I shall enter heaven's gate.

Refrain:
He the pearly gates will open,
So that I may enter in;
For He purchased my redemption
And forgave me all my sin.

Buchempfehlung

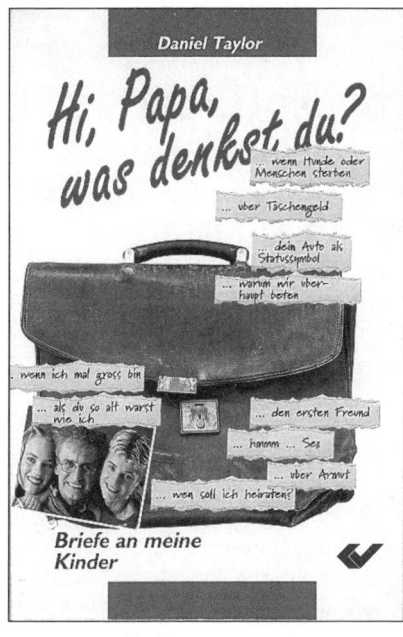

Daniel Taylor

Papa, was denkst du?

**Briefe an
meine Kinder**

Paperback
192 Seiten
Best.-Nr. 273279
DM 19,80

Was schätzen wir am meisten Wert im Leben? Was wollen wir unseren Kindern oder anderen weitergeben, die sich von uns führen lassen bzw. für die wir verantwortlich sind?

Als Daniel Taylor sich dies fragte, entdeckte er, dass er dazu eine Menge Geschichten aus seiner eigenen Vergangenheit erzählen konnte. Geschichten über Langeweile in der Gemeinde, über die tägliche Begegnung mit dem Halbstarken aus der Nachbarschaft oder über die erste Konfrontation mit Tod und Sterben in seiner Kindheit.

In der Form von originellen Briefen an seine Kinder gibt er seine eigenen Erfahrungen und tiefsten Überzeugungen über Freundschaft, Gebet, Familie, Gemeinde, Ehrbarkeit, Selbsteinschätzung und Glauben an Gott an den Leser weiter.

Eine wertvolle Orientierungshilfe für das Gespräch mit den eigenen Kindern und Teenagern über die »heißen Themen« des Lebens und Glaubens.

Christliche Verlagsgesellschaft Dillenburg

Buchempfehlung

Barry & Carol St.Clair

Entfache das Feuer

Wie kann ich meine Kinder für Jesus begeistern?

Paperback
256 Seiten
Best.-Nr. 273284
DM 19,80

Die Umstände, die zum Entstehen dieses Buches führten, sind überzeugend: Ein Ehepaar, das sich gegenseitig lieb hat; Eltern, die Jesus in die Mitte ihres Zuhauses stellen; Kinder, die auf Liebe und Disziplin ihre Antwort nicht schuldig blieben - und ihre Mutter, die starb, als dieses Buch geschrieben wurde.

Die meisten Eltern stellen diese Frage: »Wie kann ich meinen Kindern helfen, das Richtige in ihrem Leben zu tun?« In »Entfache das Feuer« gehen Barry und Carol St.Clair auf eine viel bessere Frage ein: »Wie kann ich meinen Kindern helfen, mehr den Herrn Jesus zu lieben?«

Dieses Buch bietet 10 Rezepte, die Eltern befähigen, ihren Kindern zu helfen, Jesus nachzufolgen.

Über die Autoren: Barry und Carol St.Clair haben vier Kinder großgezogen, die ein lebender Beweis für die Botschaft dieses Buches sind. Barry St.Clair ist einer der führenden Mitarbeiter in der nationalen und internationalen Jugendarbeit. Er ist Präsident der »Reach Out Youth Solutions«, einer weltweiten Organisation zur Förderung christlicher Jugendarbeit, und ein bekannter Redner und Autor. Carol St.Clair war Lehrerin, aktiv in der Jüngerschaftsschulung, Rednerin und nicht zuletzt eine liebende Mutter bis zu ihrem Tod im August 1998.

Christliche Verlagsgesellschaft Dillenburg